당신의 영성 면역력을 점검하라

KB193195

당신의 영성 면역력을 점검하라

이구영 지음

Boost
Your Spiritual
Immunity

나무&가지

추천의 글 1

먼저 이구영 목사님을 통해 귀한 말씀을 베풀어주신 하나님께 감사와 영광을 돌립니다. 이구영 목사님은 신학교 시절부터 절친한 친구이자 지금까지도 목회의 동역자로서 저에게 든든한 힘이 되어주는 분입니다. 목사님이 말씀을 전함에 있어 각고의 노력을 아끼지 않았을 것을 알기에 이렇게 책으로 만나볼 수 있게 된 것을 축하하고 또 감사의 말을 전합니다. 이번 출간이 한국 교회와 수많은 성도들에게 큰 축복이 될 것을 믿습니다.

코로나19로 인해 전 세계가 아픔을 겪고 있습니다. 교회도, 성도들도 큰 타격을 입었습니다. 육체적, 경제적 어려움으로 고난을 겪는 교인들이 참 많이 있고 세상은 교회를 차가운 시선으로 바라보며 손가락질을 하고 있습니다. 이런 상황에서 신앙을 지키기란 얼마나 어려운 일인지 말로 다 표현할 수 없습니다.

이 책을 통해 이구영 목사님은 영적 면역력을 높여주는 성서적 해법을 제시해주고 있습니다. 목사님의 탁월한 성경 해석은 하나님의 말씀을 오늘날 우리를 향한 이야기로 들려줍니다. 코로나19가 가져온 여러 부정적 영향 가운데서도 말씀을 통해 하나님의 소망을 붙잡게 합니다. 영적인 면역력은 그냥 생기는 것이 아니라 말씀 안에 거하며 성령을 통해 영적인 영양분을 공급받아야 가능합니다. 책을 읽어가며 그동안 우리가 소홀히 했던 영적 영양소가 있었는지 점검하고 말씀 가운데서 건강한 영성이 회복되었다는 거룩한 고백이 들려지기를 기도합니다.

김병삼
만나교회 담임목사
『PRAY ON-기도의 불을 켜라』『살아내는 약속』『치열한 순종』『치열한 복음』의 저자

추천의 글 2

●

그리스도인의 삶은 승리하는 삶입니다. '패배'나 '포기'라는 단어와는 거리가 먼 인생을 사는 삶이 바로 그리스도인의 삶입니다. 왜 그럴까요? 바로 Spiritual Immunity, 즉 영적으로 면역력이 충만하여 강한 바람에도 날리지 않으며 견고하게 삶을 지탱해나가기 때문입니다. 오히려 그리스도인들은 세상에 소망과 희망을 불어넣어 주는 삶을 영위합니다.

그래서 사도 바울은 그의 서신서를 통하여 이렇게 말합니다.

우리가 사방으로 욱여쌈을 당하여도 싸이지 아니하며 답답한 일을 당하여도 낙심하지 아니하며 _ 고린도후서 4:8

근심하는 자 같으나 항상 기뻐하고 가난한 자 같으나 많은 사람을 부요하게 하고 아무 것도 없는 자 같으나 모든 것을 가진 자로다

_ 고린도후서 6:10

요즈음 전 세계적인 전염병으로 말미암아 많은 사람들이 지치고 피곤해하며 고통 가운데 있습니다. 이때에 시기적절하게 이구영 목사님의 새 책,

『당신의 영성 면역력을 점검하라』는 우리 모두가 예수님을 깊이 경험하게 하고 복음의 능력으로 강건해지게 도움을 주는 너무나도 귀한 책입니다. 이 책은 여러분의 영성생활에 강력한 도움을 주는 가이드북으로도 부족함이 없으며, 필요할 때마다 꺼내 보는 백과사전 같이 활용하셔도 좋을 것입니다.

최하진
만방국제학교 설립자
『다윗대통령의 귀환 : 리더를 리드하는 리더』『반응』『네 인생을 주님께 걸어라』
『세븐파워교육』『자녀를 빛나게 하는 디톡스교육』의 저자

독후감

이구영 목사님의 책이 나오기 전에 읽어 볼 수 있어서 정말 영광이었습니다. 멋있는 말들로 감상문을 적고 싶었지만 능력이 부족함에 안타까울 따름입니다.

우선 이 책의 내용과 편집이 매우 좋았습니다. 책을 읽으면서, 병원에서 건강 검진을 받기 전에 받는 문진표처럼 영적 건강검진 문진표를 받은 것 같다는 생각이 들었습니다.

건강한 영성생활을 위해 필요한 13가지 영양소의 항목을 읽으면서 '맞아, 맞지. 지금 내가 그렇지' 하고 공감하며 읽었습니다.

사실 읽으면서도 내게는 각 항목의 영양소가 다 부족하게 느껴졌지만, 그중 가장 부족하다고 느낀 건 '찬양', '힘듦', '자기를 부인하고', '용서'였습니다.

혼자 있으니 찬양을 틀어 놓을 때가 많은데 잘 따라 부르지는 않던 내 모습, 힘든 상황 속에서 이겨내려 하기보다는 더 힘든 일들이 생길까 봐 두려워하는 내 모습, 점점 더 나 자신이 내 삶의 주인이 되어 살아가는 모습을 발견했습니다. 가장 마음속에 걸리는 건 말은 늘 용서해야지 하면서도 진심으로 용서하지 않는 나의 모습이었습니다.

이 문진표를 들고 나의 치료자이신 하나님 앞으로 나아가면 어떤 처방을 해주실까요? 민간요법이 아닌 제대로 된 처방을 받아야 병이 악화되지 않고 잘 나을 수 있듯이, 많이 혼나더라도 하나님 앞에서 제대로 진단을 받아야 할 것입니다.

이 책을 읽으면서 느낀 건, 나는 내 상태를 객관적으로 보고 싶지 않을 때가 진짜 많다는 겁니다. 상태가 심각하다고 할까요. 진실을 알게 될까 두려워 덮어두려고 할 때가 많았고, 지금도 그렇습니다. 나와 같은 많은 사람들이 이 책을 읽고 자신의 영적 건강 상태를 점검하게 되리라 믿습니다.

예전에 엄마께서 생명나무교회에서 예배를 드리고 나면 머리가 시원하다고 말씀하신 적이 있습니다. 설교가 모호하거나 들어도 무슨 뜻인지 모르는 내용이 아니라, 쉽게 이해하고 소화할 수 있어서 그랬던 것 같습니다.

제가 들은 목사님의 말씀은 '맞아. 나도 그렇게 해봐야지.'라고 결심하게 하는 힘이 있습니다. 목사님께서 쓰신 책에서도 동일한 힘이 느껴졌습니다.

이구영 목사님의 두 번째 책 『당신의 영성 면역력을 점검하라』를 통해 많은 사람들이 하나님께 가까이 나아가기를 기도합니다.

들어가는 말

•

코로나바이러스 감염증으로 인해 건강에 대한 관심이 더 높아지고 있습니다. 그런데 같은 병원균이고 같이 전염이 되어도 어떤 분은 사망에 이르고 어떤 분은 벌떡 일어납니다. 같은 나이여도 병에 걸리고 안 걸리고의 차이가 크고, 같은 지역에 살아도 건강 상태가 전혀 다른 경우도 많이 있습니다.

건강에 대한 관심이 높아지면서 면역력에 관한 관심과 연구도 활발해지고 있습니다. 영양 상태가 좋아야 전염병이나 기타 질병에 걸릴 확률이 적고, 혹여 감염이 되어도 치료가 될 확률이 높아집니다.

몸의 건강을 위해 많은 시간과 관심을 쏟고 있지만 정작 필요한 영적인 영양 상태를 고려하지 않고 있는 우리들입니다.

성경은 분명히 말씀하고 계십니다.

네 영혼이 잘됨 같이 네가 범사에 잘되고 강건하기를 내가 간구하노라
_ 요한삼서 1:2

영혼의 건강이 육신의 건강보다 우선되어야 함을 강조하고 계십니다.

당신의 영성 면역력을 점검하라

    그동안 육신의 건강을 돌보느라 잘 돌보지 않았던 영혼의 영양소들을 모아보았습니다. 성경 속에서 우리들과 다른 차원의 건강한 삶을 살았던 선배들의 생을 추적해보면서 그들이 가지고 있던 영양소들을 찾아보았습니다.

    이 책을 통해서 신앙생활에 풍성한 영양소들이 공급되어 많은 사람들의 삶에 윤기가 흐르고, 마귀의 유혹을 이겨내며, 천국에 이르는 건강한 하나님의 자녀들로 성숙해지시기를 기도합니다.

2021년 5월
이구영 목사

목차

PART 1   예배하는 삶을 위해 필요한 영양소

PART 2   고난을 이겨내기 위해 필요한 영양소

예배하는
삶을 위해 필요한
영양소

동심

¹³ 사람들이 예수께서 만져주심을 바라고 어린아이들을 데리고 오매 제자들이 꾸짖
거늘 ¹⁴ 예수께서 보시고 노하시어 이르시되 어린아이들이 내게 오는 것을 용납하고
금하지 말라 하나님의 나라가 이런 자의 것이니라 ¹⁵ 내가 진실로 너희에게 이르노니
누구든지 하나님의 나라를 어린아이와 같이 받들지 않는 자는 결단코 그곳에 들어가
지 못하리라 하시고 ¹⁶ 그 어린아이들을 안고 그들 위에 안수하시고 축복하시니라

_ 마가복음 10:13-16

유대인들의 전통을 보면 유명한 랍비나 스승이 마을에 왔을 때 부모들은
자녀들을 그들 앞으로 데리고 가서 말씀을 듣게 하고 축복 기도를 받게 했다.

예수님의 인기가 점점 올라가 인지도가 높아질 즈음, 가야 할 곳은 많고 오
라는 데도 많아 정신없이 바쁘게 사실 때 예수님의 사정을 모르는 사람들은
자꾸만 자녀들을 예수님 앞으로 데리고 왔다. 한 말씀 해주시라고! 축복 기도
를 해주시라고!

지금이야 목사님들이 많으니 별로 귀한지 모르지만 내가 어릴 때만 해도

목사님이 우리 가정에 오신다는 것은 매우 희귀한 일이었다. 대심방 기간이 되어 담임 목사님이 가정에 오시게 되면 어머니는 집을 깨끗이 치우고 우리들을 단정히 꾸미곤 하셨다. 예배를 드릴 땐 무릎을 꿇고 같이 앉아서 예배를 드리다가, 예배가 마칠 때 즈음 목사님은 내 머리에 손을 얹어 안수하시며 축복 기도를 해주셨다. 성경은 목회자들의 축복을 매우 중요하게 생각한다.

그러니 예수님 당시는 얼마나 더 했겠는가? 흔치 않은 하나님의 사람, 선지자로 불리던 분이 마을에 들어오시면 사람들은 너나 할 것 없이 아이들을 데리고 예수님 앞으로 모여들었다.

그때마다 가장 예민해지는 사람들은 바로 제자들이었는데, 예수님의 피곤함을 생각해야 했기 때문이다. 다음 일정에 차질이 있으면 안 되었기에 제자들이 늘 하던 말은 '애들은 가라!'였다.

여성들과 아이들이 천대받던 시절, 남성 중심의 사회에서 남자들이 안수받고 축복을 받아야 하는데 아이들과 여성들이 더 열심히 앞으로 나아오니 그때마다 제자들은 초긴장 상태가 되어 아이들보단 남성들을 예수님 앞으로 앉히려고 했다.

제자들은 집회 때마다 바쁘고 힘이 들었는데, 아이들은 예수님이 말씀하실 때 늘 떠들거나 울거나 이리저리 왔다갔다 정신없게 하니 아이들만 오면 짜증이 났을 것이다.

옛말에 아이들이 움직이지 않으면 병이 난 거라고 하지 않은가. 아이들의 모든 기운은 발에 있기에 가만히 앉아서 집중할 수 있는 시간이 얼마 안 된다. 그런데 이를 잘 모르는 제자들은 이해심이 부족해서 늘 아이들에게 외쳤다.

"애들은 가라!"

당신의 영성 면역력을 점검하라

이에 예수님께서는 제자들을 나무라셨다.

"그러지 말라. 왜 아이들을 자꾸 쫓아내려고 하느냐!"

부모님의 입장에서는 어린 시절에 내 아이가 예수님 같이 훌륭한 분을 만나는 것이 쉬운 일이 아니었기에 그런 분이 마을에 들어오신다고 하면 무조건 아이들부터 챙겨서 예수님 앞으로 나아오게 했을 것이다. 선한 영향력이 있으신 그분을 만나서 너도 그런 사람이 되라고, 사랑 가득 담아 아이들을 예수님께로 데리고 왔을 것이다.

마가복음 10장 13절에서 '만져주심을 바라고'라는 말은 칭찬해주시길, 쓰다듬어주시길, 안수기도를 해주시길 바라는 의미이다. 또한 여기에서 말하는 아이들은 초중고 아이들이 아니라 유치원에 다닐 정도의 아이들이다. 엄마를 따라다니길 좋아하고, 싸우고도 마음이 금세 풀어져서 화해하는 유치원생 아이들. 희랍어로 '파이디온'은 그런 아이들을 뜻하는 단어이다.

그 정도 되는 나이의 아이들을 통제하기란 쉽지 않다. 아이들은 계속 떠들고 돌아다녔을 것이다. 갑자기 그날따라 제자들은 더욱 화가 났다. 한두 명도 아니고 통제가 되지 않는 아이들이 와서 떠들고 돌아다니니까 제자들이 꾸짖기 시작한 것이다. 그런데 그때 예수님은 매우 과민반응을 보이셨다. 깜짝 놀라시며 제자들에게 왜 그러냐고 역정을 내신 것이다.

14절에서 '노하시어'는 '화가 단단히 나셨다'라는 의미이다. '노하시어'에 해당하는 원어 '에가낙테센'은 '크게 탄식한다', '많이 슬퍼한다'라는 말이다. 몇 번이나 말했는데도 불구하고 또 어길 때 화가 나는 것을 뜻한다. 그동안 제자들이 아이들을 쫓아낼 때 예수님께서는 참으셨는데 그날따라 참지 못하셨다는 것이다.

예수님께서는 아이들이 내게 오는 것을 '용납하라'고 말씀하시는데, 이는 '참다', '인내하다'란 의미이다. 즉, 아이들이 오는 것을 막지 말고 그냥 참으라는 뜻이다.

그러시면서 왜 그들을 용납해야 하는지를 말씀해주신다. 아이들이 무지해서도 아니고, 몰라서도 아니며, 외모가 예뻐서도 아니다. 예수님께서는 아이들을 존중히 여겨야 하는 이유를 하나님의 나라와 연결 지으시면서 말씀하신다. 아이들과 천국을, 아이들과 행복을 연결 지으신다.

내가 진실로 너희에게 이르노니 누구든지 하나님의 나라를 어린아이와 같이 받들지 않는 자는 결단코 그곳에 들어가지 못하리라

'내가 진실로 너희에게 이르노니', 잘 들으라고 강조에 강조를 하시는 부분이다. 요즘으로 말하면 '이건 진짜인데 잘 들어', 뭐 이런 표현이다. "이거 진짜인데 잘 들어. 하나님의 나라를 어린아이와 같이 받들어야 해. 그렇지 않으면 천국에 못 가."

여기서 '받든다'라는 단어의 희랍어 '데코마이'는 '취한다', '받아들인다'란 뜻이 있다.

어른들은 생각이 많은 반면, 어린아이들은 무엇이든지 순수하게 잘 받아들인다. 아이들은 산타클로스도, 인어공주 이야기도 그냥 믿는다. 지나가던 사람들이 가자고 하면 그냥 따라가기도 한다. 어른들은 스티로폼 같아서 무슨 말을 해도 그대로 흡수하지 않고 흘려보내지만, 아이들은 스펀지 같아서 쭉 빨아들인다.

다시 말해, '받드는 자'란 말씀은 '아이들과 같이 순수하게 받아들이는 자', '이익을 따지지 않고 그냥 받아들이는 자', '있는 그대로 받아들이는 자'란 뜻이다.

그때나 지금이나 어른들의 관심은 이 세상이었다. 먹고 사는 게 힘들었던 그들은 어떤 이야기를 들으면 다시 한 번 생각해보게 되고 '진짜인가?', '숨겨진 계략이 있는 건 아닌가?' 하며 늘 오해의 소지를 남겨둔다.

속이 좁은 사람은 더 그렇다. 강하고 담대한 사람이 아니면 늘 피해의식, 열등감 속에서 복잡한 생각을 하고 복심을 품고 산다. 그냥 그대로 순수하게 받아들이지를 못하는 것이다.

한 번은 꼬아서 생각을 하는 게 어른이다. 이 세상에서 잘 살아야 하는데, 잘 안 되니까 자꾸 마음이 조급해지고 복잡해진다. 혹 잘나가더라도 상실에 대한 두려움이 다가온다. 잘 살아도, 못 살아도 근심이 끊어지지 않는게 어른이다.

예수님께서 늘 '마음에 근심하지 말라'고 해도 그게 잘 안 된다. '너희 행사를 여호와께 맡기라'고 말씀하셔도 그게 잘 안 된다. 그러다 보니 참 힘든 세상을 살게 되고, 이 땅과 현실에 관심이 많아져서 미래에는 별로 관심이 없다. 당장 좋아야 하고, 당장 배불러야 하기에 미래에 대한 약속 따위는 관심이 없는 것이다. 돈이 있으면 일단 쓰고 봐야 하고, 누가 나 때문에 피해 보는 것을 별로 중요하게 생각하지 않는다. 내가 중요하니까.

그게 어른이다. 순수함이 사라져가는 사람들, 복심을 깔고 생각하는 사람들, 열등감과 피해의식이 커져가는 사람들, 속이 편치 않은 사람들!

그런 사람들에게 예수님께서 아무리 하나님의 나라, 천국을 말씀하셔도 그들은 믿으려고 하지 않았다. 먼 미래에 갈 하나님의 나라를 이야기하지 말고 당장 내 병을 고치고, 지금 쓸 돈을 내놓으라고 아우성이었다.

그러나 아이들은 달랐다. 예수님께서 무슨 말씀을 하시던 그냥 다 받아들였다. 믿어지지 않는 천국 이야기도, 이 땅에서의 사랑과 용서, 나눔과 배려, 헌신과 희생, 봉사와 위로에 대해 말씀하시면 그대로 받아들였다. 이 땅에서의 천국 백성으로서의 삶, 저 세상에서의 삶도 그냥 쭉 흡수했다. 이러한 모습을 보시면서 예수님께서는 아이들을 칭찬하신 것이다.

가만히 앉아서 듣고는 있지만 믿지 않는 저 어른들보다는, 뛰어다니고 졸고 시끄럽게 하는 것 같아도 예수님의 말씀을 듣고 그대로 믿는 아이들을 칭찬하셨다. 아이들은 천국을 믿고 그 천국을 바라보며, 하나님의 존재와 하나님의 사랑을 믿고 하나님의 심판을 두려워하며 산다.

누가 하나님의 나라에 들어가겠는가? 두 마음을 품은 어른들이 아니다. 복심으로 가득 찬, 이런저런 계산으로 가득 찬, 내 생각대로 되어야 속이 시원한 어른들이 아니다. 어린아이처럼 겸손한 태도로 자신의 전적 무능력(全的 無能力)함을 깨닫고 오직 하나님만 의지하는 자, 하나님의 말씀을 아무런 의심 없이 그대로 받아들이는 자들만이 하나님 나라에 갈 수 있다고 강조하신다.

물론 아이들 중에는 어른들보다도 더 교활하고 잔인한 아이들도 있다. 대형 사고를 치는 아이들도 많다. 그렇지만 성경이 강조하는 어린아이는 순수하고 받아들임에 거리낌이 없는 아이들을 말한다. 예수님께서는 그런 아이들을 축복하셨다는 것이다.

그 어린아이들을 안고 그들 위에 안수하시고 축복하시니라

하나님께서는 우리들이 어린아이처럼 살기를 원하신다. 순수하게, 복심을 갖지 않고, 복잡한 계산도 하지 않고 그냥 말씀 그대로. 이중인격이 아니고, 속고 속이지 말고, 하나님 앞에서 진실하고 참되고 순수하게.

'동심'은 참 좋은 영성 영양소이다. 피곤하고 힘든 삶을 사는 사람들이 동심을 회복할 수 있다면, 아이들의 세계를 좀 더 이해하고 부러워할 수 있다면 그것은 우리들에게 주시는 하나님의 큰 축복이다. 거기서부터 힘이 솟아남을 느끼게 될 것이다.

성경에서 보통 어린아이는 순수성을 잃지 않는 사람을 의미한다. 반대로 성경에서 어른은 순수성을 잃은 사람, 섞인 사람을 의미한다. 성경은 순수함을 매우 강조하고, 섞이는 것을 아주 싫어한다.

이를 잘 아는 이방인들은 하나님의 백성인 이스라엘 사람들을 괴롭히면서 자꾸 섞는 것을 시도했다. 하나님께서는 오직 '하나님만' 사랑하고 '하나님께만' 예배를 드리라고 순수함을 강조하시는데, 이방인들은 하나님만이 아니라 '하나님도' 사랑하고 '하나님께도' 예배를 드리라고 강조했다. 예배를 드리지 말라는 것도, 사랑하지 말라는 것도 아니다. 그냥 다양하게 사랑하라고 강조한 것이다.

이스라엘은 원래 한 나라였다. 12지파가 모여서 한 나라를 이루었다. 그러다 하나님을 배반하면서 국력이 약해지고 앗수르에게 나라의 일부를 점령당했다. 사마리아라는 아주 큰 성이 점령당했고 그 주변 지역들이 점령당했다.

앗수르가 쳐들어와서 한 일이 뭔지 아는가? 순수함, 거룩함, 구별된 삶을 추구하던 이스라엘 사람들에게 혼합을 강요한 것이다. 그들은 이방인과의 결혼, 이방인들의 음식, 이방인들의 문화와 종교를 강요했다.

앗수르 왕이 바벨론과 구다와 아와와 하맛과 스발와임에서 사람을 옮겨다가 이스라엘 자손을 대신하여 사마리아 여러 성읍에 두매 그들이 사마리아를 차지하고 그 여러 성읍에 거주하니라 _ 열왕기하 17:24

이방인들이 섞이게 되었다. 언어, 문화, 음식, 종교가 섞였고 순수함이 사라졌다. 하나님만 섬기며 순수하게 살던 사람들이 타협을 배우게 되었고, 혼합주의가 시작된 것이다.

29 그러나 각 민족이 각기 자기의 신상들을 만들어 사마리아 사람이 지은 여러 산당들에 두되 각 민족이 자기들이 거주한 성읍에서 그렇게 하여 30 바벨론 사람들은 숙곳브놋을 만들었고 굿 사람들은 네르갈을 만들었고 하맛 사람들은 아시마를 만들었고 31 아와 사람들은 닙하스와 다르닥을 만들었고 스발와임 사람들은 그 자녀를 불살라 그들의 신 아드람멜렉과 아남멜렉에게 드렸으며 32 그들이 또 여호와를 경외하여 자기 중에서 사람을 산당의 제사장으로 택하여 그 산당들에서 자기를 위하여 제사를 드리게 하니라 33 이와 같이 그들이 여호와도 경외하고 또한 어디서부터 옮겨왔든지 그 민족의 풍속대로 자기의 신들도 섬겼더라 _ 열왕기하 17:29~33

당신의 영성 면역력을 점검하라

아이들의 순수함이 사라지고 어른들의 혼합주의와 혼탁함이 들어왔다. 결국 그들은 그렇게 죽어가게 된다. 다행인 점은 그런 와중에도 그나마 순수하게 살려는 사람들이 생겨나기 시작했다는 것이다.

대표적인 사람이 남유다의 왕이었던 히스기야 왕이다. 그는 달랐다. 어린아이처럼 하나님의 말씀을 그대로 받아들였다.

> ³ 히스기야가 그의 조상 다윗의 모든 행위와 같이 여호와께서 보시기에 정직하게 행하여 ⁴ 그가 여러 산당들을 제거하며 주상을 깨뜨리며 아세라 목상을 찍으며 모세가 만들었던 놋뱀을 이스라엘 자손이 이때까지 향하여 분향하므로 그것을 부수고 느후스단이라 일컬었더라 ⁵ 히스기야가 이스라엘 하나님 여호와를 의지하였는데 그의 전후 유다 여러 왕 중에 그러한 자가 없었으니 ⁶ 곧 그가 여호와께 연합하여 그에게서 떠나지 아니하고 여호와께서 모세에게 명령하신 계명을 지켰더라
>
> _ 열왕기하 18:3-6

오늘날 이 시대는 혼란의 시대, 혼합의 시대이다. 섞고 또 섞여 사는 순수함이 사라진 시대이다. 온전히 하나님을 섬기지 않고, 하나님도 섬기고 나도 섬기는 시대이다.

그래서 예수님께서는 천국 이야기만 나오면 아이들을 이야기하셨다. 그들처럼 그렇게 순수하게 믿지 않으면, 그들처럼 그렇게 하나님만을 높이지 않으면 천국에 들어갈 수 없다고 말씀하셨다.

예수님을 따라다니던 제자들은 늘 높아지고 싶었다. 섬기기보다는 섬김

을 받고 싶었다. 따르는 자들보다는 명령하는 자가 되고 싶었다. 그래서 예수님이 왕이 되시면 누가 더 높은 자리에 앉느냐, 누가 더 최측근이 되느냐가 관심이었다. 마태복음 18장에 이런 이야기가 나온다.

> [1] 그때에 제자들이 예수께 나아와 이르되 천국에서는 누가 크니이까 [2] 예수께서 한 어린아이를 불러 그들 가운데 세우시고 [3] 이르시되 진실로 너희에게 이르노니 너희가 돌이켜 어린아이들과 같이 되지 아니하면 결단코 천국에 들어가지 못하리라 [4] 그러므로 누구든지 이 어린아이와 같이 자기를 낮추는 사람이 천국에서 큰 자니라 _ 마태복음 18:1~4

예수님께서 가버나움이란 동네에 들어가신 적이 있다. 그 동네에는 베드로의 집이 있었는데 예수님은 그곳에 자주 머무셨다. 한번은 베드로를 시기했음직한 제자들이 나아와 예수님께 질문을 했다.

"천국에 가게 되면 누가 더 높은 자리에 있겠습니까?"

그때 예수님께서는 한 어린아이를 불러 그들 앞에 세우셨다. 어떤 책에 보면 이 어린아이는 아마도 베드로의 자녀 중 한 명이었을 거라고도 한다. 어쨌든 그 어린아이를 제자들 가운데 세워 놓으시고 이렇게 말씀하셨다.

"어른이 되지 말고 어린아이가 되어라. 그 순수함, 절대 의존의 감정을 잃지 말라. 너희들은 지금 잘못 가고 있다."

천국에서 누가 높은지를 따지기 전에 과연 내가 천국에 갈 만한 사람인가부터 생각하라고 말씀하신다. 어른인 척하지 말고 어린아이가 되어야, 큰 자인 척하지 말고 작은 자로 남아야 천국에 갈 수 있음을 강조하셨다.

당신의 영성 면역력을 점검하라

특별히 예수님께서는 '돌이켜'라는 단어를 사용하셨는데, 이는 '너희가 돌이켜 어린아이들과 같이 되지 아니하면 지금 그대로는 틀렸다'라는 의미이다.

'돌이켜'에 해당하는 '스트라페테'의 원형 '스트레포'는 '얼굴을 돌리다', '몸을 돌이키다', '마음의 변화', '행동 양식의 변화'까지도 나타내는 단어이다.

성경에서도 예수님께서는 제자들에게 마음 자세의 변화와 더불어 이로 인한 전인적인 행동의 변화까지도 필요함을 나타내기 위해 이 단어를 사용하고 계신다. 즉, 교만한 마음을 버리고 완전히 변해야 함을 교훈하신다.

또 '자기를 낮추는 사람'이라는 단어도 사용하시는데, 이는 '굴곡이 심한 땅을 다져 평평한 길로 만드는 것'을 가리키는 용어이다.

고전 헬라어에서 이 단어는 '사회적으로 낮은' 또는 '사회적 지위와 영향력이 보잘것없는', '권력이 없는', '순종하는'이란 뜻으로 사용되기도 했다. 자기를 낮추는 사람! 그는 낮아진 사람, 순종하는 사람이어야 했다.

당신에게 아직도 동심이 남아 있는가? 말씀을 들으면 그대로, 오해나 왜곡 없이 그대로 빨아들이는 순수함이 있는가? 어른이 되어가는 나 자신을 되돌아보며, 다시 어린아이로 돌이켜 가게 되길 바란다.

그렇다면 하나님께서는 어린아이와 같은 사람들에게 어떻게 하실까?

첫째, 하나님께서는 어린아이 같은 사람들을 축복하신다.

예수님께서는 아이들을 안수하시고 축복해주셨다. 성경을 보면 하나님의 축복을 받은 사람들의 대부분은 순수한 사람들이었다.

동심을 잃지 않았던 사람들, 그들 중 한 사람이 나아만 장군이다. 성경은 이렇게 표현하고 있다.

> 나아만이 이에 내려가서 하나님의 사람의 말대로 요단 강에 일곱 번
> 몸을 잠그니 그의 살이 어린아이의 살 같이 회복되어 깨끗하게 되었
> 더라 _ 열왕기하 5:14

나아만은 아람 나라의 군대장관이며 큰 용사요, 국왕의 총애를 받고 국민의 존경을 받는 자였다. 곧 구국공신인 것이다. 아람은 이스라엘 나라 동북방에 소재한 수리아로 그 수도가 다메섹이며 오늘날의 시리아다.

이런 사람이 불행하게도 문둥병에 걸려 고민하게 되었다. 지위와 권세를 동원하여 병을 고치려고 노력했을 테지만 고치지 못했다.

그러던 어느 날, 나아만의 집에 이스라엘에서 사로잡아온 작은 계집아이 하나가 그 주모에게 사마리아에 계신 선지자를 소개해주며 그분은 고치실 거라 말하였다.

나아만은 즉시 자기 왕에게 청했고, 아람 왕은 이스라엘의 왕에게 서찰을 보내 나아만의 병을 고쳐달라고 했다. 그랬더니 이스라엘 왕은 내가 사람을 죽이고 살리는 하나님이냐며, 이를 틈타 시비하려는 것이라고 크게 당황하며 오해했다.

그러나 이러한 상황을 전해들은 엘리사는 오히려 나아만을 초대한다. 드디어 나아만이 엘리사의 문전에 찾아오고, 엘리사는 사자를 보내어 "요단 강에 몸을 일곱 번 씻어라"라고 지시만 하였다.

그러자 아직 교만으로 가득 찼던 나아만은 엘리사의 지시가 대국의 장

당신의 영성 면역력을 점검하라

관에 대한 결례라며 분하게 여겼다. 그때 나아만은 순수함을 잃은 어른이었다. '내가 누군데' 하는 마음이 아직도 있던 것이다.

그는 자신이 문둥병자라고 무시당하는 것 같아 기분이 나빴다. 화난 마음에 돌아가려는데 신하들이 나아만 장군을 달래기 시작한다.

"여기까지 오셨는데 그래도 한번 해보시지요."

하지만 나아만은 우리나라에도 이 요단 강보다 더 좋은 물이 많은데 이 구정물 같이 더러운 데서 목욕할 일이 없다며 고집을 부렸다. 자존심이 상했기 때문이다. 그러자 신하들이 또 그를 말렸다. 어릴 때 냇가에서 물놀이 하듯 그렇게 한번 놀아보시라고. 그제야 나아만은 몸이 가렵고 아프니 한번 뛰어볼까 하는 마음으로, 어린아이의 마음으로 돌아가 요단 강물 속으로 뛰어들었다.

나이든 나아만이, 그 지체 높은 나아만이 모든 걸 내려놓고 동심으로 돌아가 물에 뛰어든 것이다. 그는 순수한 동심의 세례를 회복했다. 그때 무슨 일이 있어났을까? 여기에 응답의 비밀, 축복의 통로가 있다. 동심의 회복!

나아만이 요단 강에서 일곱 번 몸을 씻으려면 우선 백마에서 내려와야 한다. 또한 수리아의 훈장이 붙어 있는 장군의 군복도 벗어야 한다. 더구나 속옷까지 모조리 벗어버려야 한다. 더 나아가 온몸에 있는 문둥병의 상처가 드러나야 한다. 그리하여 자기가 세상에서 가장 더럽고 초라한 사람임을 깨달아야 한다. 그래야 비로소 자기를 부인할 수 있고, 하나님만 믿고 그분께 전심을 다해 기도하게 되기 때문이다.

사람은 지식, 돈, 의복, 명예를 포함한 자신이 가지고 있는 그 무엇인가를 벗어야 비로소 자신을 알게 된다. 이렇게 자신을 안 후에야 자기를 부인하고 하나님을 전적으로 믿고 간구하여 은혜를 받는 것이다.

당신 역시 동심을 회복하고, 그대로 받아들이는 그 순수함을 회복하여 하나님의 축복을 놓치지 않길 바란다.

둘째, 하나님께서는 어린아이 같은 사람들을 천국으로 인도하신다.

예수님께서 전도여행을 다니시던 유대 땅 여리고 성에는 '삭개오'라는 세리장이 있었다. 그는 유대인이지만 로마의 앞잡이 노릇을 하며 동족의 돈을 걷어서 로마에 바치는 매국노였다. 마치 일제 강점기 시절 일본의 앞잡이 노릇을 하던 조선 사람과 같은 존재였다.

그러다 보니 자연스레 친구도 없고 사람들의 눈길도 따가웠다. 어릴 때 동네에서 함께 놀던 친구들이 그를 비난하기 시작했고, 그럴수록 삭개오는 친구들의 돈을 더 많이 빼앗아 로마에게 바치고 착복까지 하였다.

어디 그뿐인가. 자기만 욕을 먹는 게 아니라 아내도 문밖에 나갈 수가 없고, 그의 자녀들 역시 친구가 없는 왕따였다. 그들과 노는 아이라도 있으면 삭개오의 친구들이 와서 아이들을 떼어 놓기까지 했다.

이런 모습을 보면서 삭개오는 괴로워했다. 그렇다고 세리 노릇을 그만둘 수는 없고, 친구도 없이 혼자 살 수도 없는 노릇이니 누구 하나 마음을 터놓고 이야기할 사람이 있으면 좋겠다는 마음을 지닌 채 괴롭고도 외로운 삶을 살고 있었다.

그렇게 절망 속에서 목숨을 위해 양심을 속이며 살던 어느 날, 삭개오는 놀라운 소식을 듣게 된다. 예수라는 사람이 있는데 그는 죄인을 사랑하고 죄인의 사정도 들어주며, 문둥병자를 고치거나 앉은뱅이를 일으키고 눈

먼 자를 보게 하며 간음한 여인도 용서해준다는 이야기였다.

더욱 놀라운 것은 그 예수님이 자기와 같은 세리들도 사랑하고, 그분의 제자 중에는 세리였던 마태도 끼어 있다는 소식이었다.

이 소식을 접한 후 삭개오는 가슴이 뛰기 시작했다. 누구한테도 말은 못했지만 꼭 예수님을 만나고 싶은 간절함에 일도 손에 잡히지 않고 그분이 여리고 마을로 오시기만을 기다리게 된 것이다.

그러던 어느 날, 세관에 앉아 일을 하는데 사람들이 수군거리기 시작하더니 하나둘 밖으로 나가는 게 아닌가. 궁금한 마음에 무슨 일이냐 물었더니 예수님이 지금 여리고를 지나가신다는 것이다. 망설일 이유가 없었던 삭개오는 하던 일을 집어치우고 당장 밖으로 나갔다. 업무가 많고 밀려있는 것은 그에게 더 이상 중요한 일이 아니었다. 오늘은 다 집어치우고 예수님을 만나야 하는 날인 것이다.

그렇게 나가기는 했지만 사람들은 그에게 쉽게 자리를 내어주지 않았다. 키가 작았던 삭개오는 예수님을 만나기는커녕 그분의 목소리도 들을수가 없었다. 그럼에도 삭개오는 포기하지 않았다. 예수님이 지나시는 큰거리 옆에 있던 뽕나무로 올라가 예수님을 보기 위해 안간힘을 썼다. 그리고 그 모습을 예수님 역시 놓치지 않으셨다.

세리장! 오늘날로 말하면 세무서장 삭개오가 어린아이가 된 순간이었다. 동심으로 돌아간 것이다. 어릴 때 올라가 놀던 뽕나무에 올라갔을 때, 그는 이미 어린아이가 되어 있었다.

예수님을 찾았던 사람들은 많이 있었다. 하지만 대부분 어른의 모습으로 순수성을 잃어버렸고 머릿속으로 계산을 하며 예수님을 만났다. 그러나 삭개오는 아니었다. 그는 어린아이가 되어 예수님을 만났다.

어른의 모습, 혼합을 버리고 동심을 회복한 삭개오를 예수님께서 부르셨다.

삭개오야 속히 내려오라 내가 오늘 네 집에 유하여야 하겠다

_ 누가복음 19:5

결국 삭개오는 예수님을 자기 집에 모시게 되었고, 예수님과 함께하는 동안 그의 마음속에 있던 응어리가 풀어졌다. 그리고 그는 일어서서 주님께 이렇게 약속한다.

주여 보시옵소서 내 소유의 절반을 가난한 자들에게 주겠사오며 만일 누구의 것을 속여 빼앗은 일이 있으면 네 갑절이나 갚겠나이다

_ 누가복음 19:8

그러자 예수님께서는 놀라운 축복의 말씀을 해주신다.

오늘 구원이 이 집에 이르렀으니 이 사람도 아브라함의 자손임이로다

_ 누가복음 19:9

천국에 대한 약속을 해주신 것이다. 예수님을 모신 그날 밤, 삭개오에게는 평화가 찾아왔다. 그는 새로운 사람이 되었다. 그의 삶에 일어난 이 기

당신의 영성 면역력을 점검하라

적으로 말미암아 그는 참으로 행복한 삶, 만족한 삶을 살 수 있었다.

성경에는 나오지 않았지만 전해져 내려오는 이야기에 따르면, 삭개오는 예수님을 만난 후에 거의 매일 일찌감치 집 밖으로 혼자 나가곤 했다고 한다. 이를 이상히 여긴 아내가 하루는 뒤따라 가봤더니, 그가 예수님을 만난 뽕나무에 물을 주고 쓰다듬으며 "내가 이 나무에서 예수님을 만났고 또 예수님을 모심으로 이렇게 변화되었지" 하면서 눈물을 글썽였다고 한다.

후에 삭개오는 인도 쪽으로 선교사를 자원해서 복음을 증거하다가 죽은 것으로 역사학자들은 이야기한다.

어른이 되어가려는 시대에 어린아이의 마음을 생각해본다. 잃어버린 동심을 생각한다. 동화책을 읽고 상상에 빠지던 때가 있었다. 말씀이라면 무조건 믿고 순종하던 때가 있었다.

잃어버린 동심을 회복하며 하나님 앞에서 어린아이로 다시 살아가게 되길 바란다. 나아만처럼, 삭개오처럼 그렇게! 그래서 마침내 주님의 축복 속에 천국을 유업으로 얻는 믿음의 사람들이 되었으면 좋겠다.

동심은 하나님께서 우리들에게 주신 좋은 영양소임이 틀림없다. 언제나 어린아이와 같이 순수하게 잘 받아들이며 살고 싶은 이 마음이 퇴색되지 않기를 오늘도 기도한다.

영양소
둘

찬양

> 내 영혼아 네가 어찌하여 낙심하며 어찌하여 내 속에서 불안해하는가 너는 하나
> 님께 소망을 두라 그가 나타나 도우심으로 말미암아 내 하나님을 여전히 찬송하
> 리로다
>
> 시편 43:5

시편 43편은 고라 자손들이 쓴 시다.

레위지파 고라 자손, 그들은 제사장의 역할을 하는 사람들이었다. 특별히 성전에서 제사를 담당하는 제사장들을 돕고, 예배가 잘 드려지도록 도와주던 사람들이었다.

고라 자손들이 예배를 드리러 온 사람들, 특히 인생의 힘든 삶을 견뎌내고 불안함, 두려움, 스트레스와 분노 속에 살아가는 교인들을 보면서 지은 시가 시편 42, 43편이다. 이 두 시는 쌍둥이 시라고도 불리는데, 시의 길이

는 조금 차이가 나지만 내용이 거의 같기 때문이다.

고라 자손들은 외치고 있다.

비록 예배자들의 삶이 힘들고 벅차더라도 절대 불안해하지 말라고! 경쟁에서 밀려나고, 나이가 들고, 체력이 안 되는 속에서도 포기하지 말고 불안해하지 말고 하나님께 소망을 두라고!

또한 삶이 비록 험난하고 좁더라도 너희가 하나님께 소망을 두고 살면 하나님께서 반드시 네 앞에 나타나 너를 도우실 것이니 미리부터 하나님을 찬송하며 살아가라고 외친다.

이 시를 조용히 읽다보면 참 답답해질 때가 있다. 현실에 깊이 뿌리를 내리고 사는 우리들로서는 이렇게 사는 게 쉽지 않기 때문이다.

소망보다는 절망이 더 쉽고, 평강보다는 불안함과 두려움이 더 자주 일어나고 염려도 많은데 어떻게 찬송을 하며 살아가라는 것인지. 고라 자손들은 도대체가 현실을 자각하지 못하고, 교인들을 이해하지 못하는 게 아닌가 하는 생각이 든다.

그런데 성경을 다시 한 번 읽어보면, 자연스럽게 깨달아지는 사실이 하나 있다. 시인이 강조하는 것은 상황이 나아졌기에 찬송하라는 것이 아니었다. 그는 상황에 관계없이 여전히 찬송하고 있었고, 그 비결은 내가 그분을 찬송하며 살 것이라는 굳은 결심에서부터 시작되고 있었다.

하나님을 이용해서 내 뜻을 이루고 싶은 사람들은 늘 결과 중심의 삶을 추구한다. 그러나 하나님의 뜻이 나를 통하여 이루어지기를 원하는 사람들은 과정도 매우 중요하게 생각한다.

목적도 중요하지만 수단도 중요함을 그들은 알고 있었다. 바르게 가서

당신의 영성 면역력을 점검하라

목적지에 도착해야지, 틀린 방법과 하나님께서 싫어하실 만한 방법으로 목적지에 도착하는 것은 반칙이다. 정당하지 않다.

시인은 하나님께서 도와주실 것을 이미 믿고 있었다. 그래서 그는 일단 찬양하기 시작했다. 상황에 구애받지 않고 일단 찬양하기 시작했다. 그렇게 하나님께 소망을 두며 찬양하던 이들에게 하나님께서는 능력을 나타내 보이셨고, 그들의 문제가 해결되었다.

그때 고라 자손들은 더욱 크게 하나님을 찬양하며 자신의 믿음이 진짜였음을 큰 소리로 외치는데, 그 내용이 시편 43편 5절이다.

> 내 영혼아 네가 어찌하여 낙심하며 어찌하여 내 속에서 불안해하는가 너는 하나님께 소망을 두라 그가 나타나 도우심으로 말미암아 내 하나님을 여전히 찬송하리로다

시인은 다른 사람들에게 호소하는 게 아니다. 자꾸만 지치고 힘들어하는 자기 자신에게 이야기한다. 낙심하고 불안해하는 나에게 말한다. 왜 그러느냐고, 하나님께 소망을 두고 살면서 왜 그러느냐고.

그러면서 그럴 때는 찬송하라고 강조한다. "여전히!"

일이 시작되기 전이나, 진행 중이거나, 마쳤거나 상관하지 말고 여전히 하나님을 찬송하라고 외친다.

왜 그랬을까? 그들은 알고 있었다. 찬송이라는 것은 단순히 내가 하나님을 높이는 것으로 끝나는 것이 아니라 그 찬송을 들으신 하나님께서 찬송을 통해서 내게 힘 주신다는 사실을 믿은 것이다. 그래서 그들은 여전히 찬

송하라고 가르치고 있다. 찬송 자체가 내게 주는 힘을, 그 영양분을 그들은
알고 있었다.

이와 쌍둥이 시라고 불리는 시편 42편에서는 5절과 11절에 이 내용이 반
복되어 나온다.

내 영혼아 네가 어찌하여 낙심하며 어찌하여 내 속에서 불안해하는가
너는 하나님께 소망을 두라 나는 그가 나타나 도우심으로 말미암아
내가 여전히 찬송하리로다 _ 시편 42:5

내 영혼아 네가 어찌하여 낙심하며 어찌하여 내 속에서 불안해하는가
너는 하나님께 소망을 두라 그가 나타나 도우심으로 말미암아 내 하
나님을 여전히 찬송하리로다 _ 시편 42:11

여기서 아주 중요한 단어 가운데 하나는 '여전히'이다. 시인들은 여전히
나는 찬송할 것이라고 결심하고 있다.

여기서 '여전히'로 번역된 단어는 과거에 우리가 쓰던 개역한글판 성경
에서 '오히려'라고 번역되었다. '오히려 찬송하리로다!', '여전히 찬송하리로
다!' 두 번역은 비슷한 말이다. 상황은 안 좋지만 내가 오히려 찬송할 것이
라는 뜻이다.

그런데 왜 개역개정판에서는 '여전히'로 바꾸었을까? 구약성경은 히브
리어로 쓰여 있는데 그 원어의 뜻이 '여전히'에 가깝기 때문이다.

두 단어의 차이가 뭘까?

당신의 영성 면역력을 점검하라

'오히려'는 반전의 의미가 강하다. 즉, '상황은 안 좋지만 난 오히려 찬송할 것이다!'라는 반전이 있다면, '여전히'는 이어짐의 의미가 강하다. 연속성이 있다. 과거에도 안 좋았고 현재도 좋지는 않고 미래도 나아질 것 같지는 않지만 나는 찬송을 멈추지 않을 것이고, 하나님을 향한 소망은 여전히 뚜렷하고 확실하기에 변함없이 그분을 찬양할 것이라는 고백이다.

'여전히'로 번역된 히브리어 '오드'는 '다시', '반복하여'의 뜻이 있는 단어이다. 영어 성경도 비슷하게 번역했는데, '오드'를 'yet'으로 번역했다. 'yet'의 많은 뜻 중 하나가 '잇따라'이다.

예를 들어 'another and yet another'는 '하나 또 하나'의 뜻으로, 'yet'은 '계속해서, 연속해서'란 의미이다. 음악을 연속해서 들었을 때 'yet'이란 단어를 쓴다.

그러니까 시편 43편 5절이나 42편 5, 11절의 번역은 '오히려'보다는 '여전히'가 더 원문에 가까운 번역이다. 반전이 아니라 연속성!

하나님께서 내 뜻대로 움직여주신 날이나 내 뜻과 정반대의 결과가 있을 때나 여전히, 하나님의 인자하심의 손길이 나를 둘러 감싸주실 때나 외면하실 때나 여전히 동일하게!

하나님께서는 우리들이 질 좋은 신앙생활을 할 수 있도록 많은 영양소들을 준비해주셨는데, 그중에 하나가 '찬양'이다.

육체도 영양소를 섭취해야 건강해지듯 영적으로도 좋은 영양소들을 섭취해야 한다. 필수 영양소가 들어간 음식물들을 통해 몸에 꼭 필요한 영양소들을 섭취하고 필요에 따라서는 영양제도 먹어줘야 한다. 우리가 먹는 일반적인 음식 외에도 몸에 충분하고 적절한 영양분을 공급해줘야 하기 때문이다. 이처럼 신체에 꼭 필요한 영양소들이 있듯 영성생활에 있어서도 찬송이라는 영양소는 필수 영양 성분이다. 찬송이 없으면 그의 삶에 어딘가는 고장 나고 있음을 알아야 한다.

내가 고3이었을 때, 한번은 담임 선생님이 나를 부르시더니 부모님께 말씀드려서 영양제를 먹으라고 말씀하셨다. 공부는 머리로만 하는 게 아니라 체력도 있어야 된다고 하시면서 영양제를 꼭 사먹으라고 하셨다. 초등학교 때나 중학교, 고등학교 1, 2학년까지는 대강 공부해도 따라갈 수 있지만 고3이 되면서 신경 쓸 일도 많고 공부할 양도 많기 때문에 체력이 안 되면 공부를 못한다고, 잘 먹어야 하는데 음식만으로는 부족하니 종합영양제를 꼭 먹으라는 말씀이셨다.

그때 나는 알게 되었다. '공부는 머리로만 하는 게 아니라, 체력도 있어야 하는구나!' 그래서 필수 영양소를 섭취하기 위해 영양제를 먹은 기억이 있다.

대학교 때도 그랬다. 그 당시 아버지가 대전에 계실 때라 방학에 대전에서 한 달을 살았는데, 아버지와 함께 한의원에 간 적이 있다. 아버지는 보약을 지어주시면서, 공부는 머리도 있어야 하고 노력도 해야 하지만 체력이 되어야 할 수 있는 것이라고 말씀하셨다.

신앙생활도 마찬가지다. 체력이 있어야 제대로 할 수 있다.

예배 시간만 되면 자는 사람들이 있다. 믿음이 없어서일 수도 있지만 체력에 문제가 있는 경우가 적지 않다. 정신적인 문제와 영적인 문제가 있을 수 있지만 체력에도 문제가 있을 수 있다는 것이다. 매번 지각하는 사람들도 마찬가지다. 아무리 의지가 강해도 체력이 떨어지면 별 수 없다.

당신의 영성 면역력을 점검하라

살다보면 기운이 떨어질 때가 있다. 교회 가기 싫은 날도 있다. 재미가 없고 따분하고 지칠 때도 있다. 그럴 때, 당신은 어떻게 하는가?

몸이 원하고 마음이 원하는 대로 축 처져 있으면 못 일어난다. 그게 마귀가 가까이 있다는 증거이다. 주저앉는 것!

이 모든 것을 아시는 하나님께서는 우리들의 바른 신앙생활을 위해서 아주 많은 영양소들을 준비해주셨는데 그중 하나가 바로 음악이다. 그중에서도 특별히 '찬양'이다.

나는 음악을 정말 좋아한다. 걸어 다니면서도 흥얼거리는 것을 좋아한다. 유행가도 좋고, 찬양도 좋고, 음악은 다 좋다. 특히 통기타 하나로, 피아노 하나로 청중을 사로잡던 7080시대의 노래를 좋아한다. 그 당시 노래를 들으면 참 위로가 되고 마음이 편안해지며 향수에 젖어들 때도 있다.

미국에 계신 어느 목사님을 만나 함께 차를 탄 적이 있는데, 정태춘, 박은옥 씨의 노래가 나왔다. 그 목사님께서는 백인 중심의 미국 마을에서 목회를 하고 계셨다. 한국인들이 별로 없어서 외로울 때가 있는데 그런 날 차를 타고 가면서 이 노래를 들으면 참 위로가 되고 치유가 되는 느낌이 든다고 말씀하셨다.

♪ 그대 고운 목소리에 내 마음 흔들리고
나도 모르게 어느새 사랑하게 되었네
깊은 밤에도 잠 못 들고 그대 모습만 떠올라
사랑은 이렇게 말없이 와서 온 마음을 사로잡네

대중가요도 그런 힘이 있는데 하나님을 높이는 찬양은 얼마나 더 큰 힘이 있겠는가?

하나님께서는 지치고 상한 우리들을 위해서, 자꾸 심란해하고 넘어지려는 우리를 위해서 찬양이라는 엄청나게 효과 좋은 영양소를 준비해주셨다. 찬양을 자주 듣고 따라 부르며, 흥얼거리고 열정적으로 외치다 보면 영을 살리시는 하나님께 가까이 가고 지친 몸과 마음에 쉼과 위로가 넘치게 될 것이다.

성경을 보면 찬양을 통해서 힘을 낸 사람들의 이야기가 많이 나온다. 대표적인 한 사람이 '엘리사'였다.

이스라엘의 주변에 있던 모압 왕 메사는 양을 치는 자였다. 그는 이스라엘 왕 아합에게 새끼 양 10만 마리의 털과 숫양 10만 마리의 털을 바쳐왔다. 그러나 아합이 죽은 후에는 이스라엘 왕을 배반하여 새로 왕이 된 여호람에게 조공을 바치지 않았다. 그러자 아합 왕의 아들 여호람이 모압을 치려고 계획을 세우고는 형제처럼 가깝다고 생각한 남유다의 왕 여호사밧에게 도움을 요청하고 에돔 왕까지 불러서 3개국 연합군을 만들었다.

드디어 전쟁을 통해서 모압 왕을 혼내주기 위해 출발을 했는데 서둘러 가다보니 먹을 물을 제대로 준비하지 못했다. 7일을 행군하고 물이 다 떨어지자 북이스라엘의 여호람 왕과 남유다의 여호사밧 왕 그리고 에돔의 왕은 전술 회의를 시작했다.

'우리가 연합군을 만들어 쳐들어왔는데 물이 떨어져서 큰일났다, 어떻게 해야 되겠느냐.'

이스라엘 왕 여호람은 하나님을 믿는 사람이 아니었다. 오히려 목사들을 싫어하고 하나님을 믿는 사람들을 잡아다가 죽이던 사람이었다. 반면 유다의 왕 여호사밧은 하나님을 섬기고 그 당시 제사장들을 잘 대접하던 사람이었다.

그들이 머리를 맞대고 이야기를 해도 답이 나오지 않자 여호사밧은 말했다. 이렇게 해도 죽게 생겼고, 저렇게 해도 죽게 생겼으니 기도하자고. 그러면서 목사님의 축복 기도를 받으면 살 수 있으니 가까운 교회가 어디냐고 묻는다. 그리고 수소문한 결과, 아주 가까운 곳에 엘리사 목사님이 목회하시는 자그마한 교회가 있음을 알게 되었다. 그래서 여호사밧과 여호람은 엘리사 목사님을 찾아가게 된다.

한편, 엘리사 목사님도 이 상황을 이미 알고 있었다. 대규모의 군사들이 이동을 하고 있기에 나라에 심각한 전쟁이 있음을 알고 있던 것이다. 엘리사는 이 전쟁이 마음에 들지 않았다. 특히 엘리사는 여호람 왕을 아주 싫어했다. 만나기도 싫은 사람이었다. 목사들을 잡아 죽이고 하나님을 믿는 사람들을 감옥에 가두던 사람임을 알았기 때문이다.

그랬는데 갑자기 엘리사 목사님이 계신 교회에 여호사밧과 여호람이 군사를 이끌고 도착한 것이다. 왕 한 명도 거북스러운데 두 명이 나타났으니, 그것도 한 사람은 좋아하는 왕이지만 다른 한 사람은 아주 싫어하는 왕이 나타났으니 엘리사는 기분이 나빠졌다. 여호람이 이 교회에서 나가기를 바랐다. 그때 여호사밧이 엘리사에게 간청하기 시작했다.

"목사님, 우리가 지금 전쟁을 하러 가는 중인데 7일 동안 물이 없어서 군사들과 말들이 다 죽게 되었습니다. 제발 부탁드리니 하나님께 간구하셔서 우리들이 먹을 물을 구해주십시오! 짐승들이 마실 물을 구해주십시오!"

그러나 엘리사는 여호사밧 왕의 소리가 귀에 들리지 않았다. 저 꼴 보기 싫은 여호람이 빨리 교회에서 나가기만을 바랐다. 마음이 안정되지 않고 격동되고 있었다. 바다에 파도가 치듯 마음이 요동쳤고, 미워하는 감정과 분노가 밀려왔다.

그때 엘리사는 크게 한숨을 쉬고는 여호사밧에게 이렇게 말한다.

"왕이여, 내가 저 여호람 왕이 보기 싫어서 여기를 나가고 싶지만 당신은 참 훌륭한 왕이고 하나님을 믿는 사람이기에 내가 축복을 하긴 해야겠는데 마음이 편치 않습니다. 그러니 잠시만 기다리시되 거문고 탈 자를 불러주십시오."

여기서 '거문고 탈 자'는 찬양하는 사람을 의미한다. 오늘날의 의미로는 성가대, 중창팀이다. 지금 내 마음이 불안하고 낙심되고 분노로 가득 찼지만 이 마음을 가라앉히고 하나님께 더 가까이 나아가기 위해서는 찬양이 필요하다는 이야기이다.

결국 여호사밧은 거문고 탈 자를 통해서 찬양을 계속 들려주었고, 그 찬양을 들으면서 엘리사는 새 힘을 얻게 되었다. 그리고 그 힘으로 전쟁에 승리할 수 있는 비결을 가르쳐주었고, 그들은 엘리사 목사님의 축복 기도대로 큰 승리를 거두었다.

엘리사 목사님과 같이 훌륭한 분도 찬양을 통해서 영적인 힘의 공급을 받았다면 오늘날 우리들은 더 열심히 찬양해야 할 것이다. 대강해서는 될 일이 아니다.

바른 찬양, 목소리를 높이고 크게 입을 벌려 하나님을 높이는 찬양은 우

당신의 영성 면역력을 점검하라

리들의 영성생활에 아주 좋은 영양소가 됨을 믿고 시간을 내서, 또 예배 때마다 열정적으로 찬양하는 믿음의 사람들이 되길 바란다.

나는 요즘도 혼자 찬양하는 시간을 만들어낸다. 그 시간이 즐거울 뿐만 아니라 힘도 얻을 수 있다. 어제도 그제도 성전에서 혼자 찬양하는 시간을 가졌는데 참 행복한 순간이었다.

중·고등학교 시절, 처음 기타를 배우고 피아노를 치기 시작하면서 텅 빈 성전에 앉아 찬양의 시간을 가졌던 기억이 있다. 듣는 이는 아무도 없었지만 그렇게 땀을 흘리며 찬양을 했다. 대학교 때나 신학대학원을 다닐 때도 학교 예배당의 피아노 앞에 앉아 혼자 찬양하던 시간이 아주 많았다. 교육전도사를 할 때도 주일 오후 한가한 시간에 혼자 찬양을 하며 찬양집을 만들던 기억도 있다.

목회를 시작하면서, 개척교회이다 보니 교인도 거의 없고 심방도 없던 상황에서 찬양이 큰 힘이 되었다. 그래서 거의 매일 하나님께 찬양을 올려드리며 살았다. 찬송가도 1장부터 마지막 장까지 혼자 불러봤을 때도 있었다.

찬양은 하나님께서 내게 주신 특별한 영양소였다. 힘들 때도, 답답할 때도, 외로울 때도, 답이 안 나오는 상황에서도, 간절한 기도의 제목이 있을 때도, 하나님께 더 가까이 나아가고 싶을 때도 찬양을 드렸다. 찬양은 곧 내게 큰 삶의 용기와 소망, 확신을 심어주시는 하나님의 영양소가 되었다.

신약성경에 나오는 바울도 마찬가지였다. 바울과 함께 다니던 실라, 이 두 사람이 빌립보라는 도시에서 전도를 하게 되었을 때였다.

두 사람은 그곳을 지나가다가 귀신 들려 점을 치는 사람을 만나게 되었는데, 그가 불쌍하다는 생각이 들었다. 점을 친다고 해서 다 귀신 들리는 것은 아닌데 그는 귀신에 사로잡혀 있으니 불쌍하게 느껴진 것이다. 그래서 바울은 그를 붙잡고 기도했고, 기도 후에 귀신이 그의 몸에서 나가게 되자 더 이상 점이 맞지를 않았다.

그러자 소동이 시작되었다. 이 귀신 들린 사람을 통해 돈을 벌던 사람이 화를 내며 손해 배상을 하라며 따졌고, 결국 오해를 받은 바울과 실라는 감옥에 갇히게 되었다. 억울하기 그지없었다. 불쌍한 마음에 귀신을 쫓아내 주었는데 매를 맞고 감옥까지 가게 된 것이다. 사람들은 제대로 된 재판도 하지 않고 그들에게 무차별 폭력을 가했다.

바울과 실라는 착한 일을 하다가 죽게 되었으니 화도 나고 기운도 빠졌다. 저녁이 되어 해가 지자 감옥에는 더 큰 어둠이 찾아왔다.

'내가 내일 살아 나갈 수 있을까? 이 사람들이 내일 나를 죽이면 어떡하지?'

두려움과 불안함이 밀려오던 그 순간, 바울은 일어서서 찬송하기 시작했다. 제자 실라도 바울을 따라 함께 찬송을 부르기 시작했다. 더 이상 낙망하지 않으려고, 더 이상 좌절하거나 불안해하지 않으려고 그냥 크게 찬송을 불렀다. 어차피 죽을 거니까 주변에 있는 사람들이 야단을 치든 말든 상관하지 않고 찬송을 불렀다.

그러자 힘이 나기 시작했다. 이상하게 열정적으로 찬송하니 오히려 기운이 생겼다. 영적 영양소인 찬송을 부르니 영혼과 육신에 모두 다 힘이 생겼다.

그때 갑자기 주변이 밝아지더니 환한 불빛 가운데 천사가 나타나 감옥 문을 열어주었다. 그들의 발에 채워져 있던 쇠사슬이 스르륵 풀어졌다.

당신의 영성 면역력을 점검하라

이 일을 계기로 감옥을 지키던 간수가 예수를 믿게 되었다. 그 간수와 빌립보에서 만난 루디아라는 여자가 함께 교회를 세운 것이 빌립보 교회가 되었다.

만약 그 위기의 순간, 그 절망의 순간에 바울과 실라가 찬송하지 않았다면 그들은 더 큰 좌절에 빠졌을 수도 있었겠다는 생각이 든다. 아무리 생각해도 찬양은 참 좋은 영양소이다.

구약성경에 찬양대가 처음 등장한 것은 이스라엘 백성이 홍해를 건넜을 때였다. 모세는 홍해를 건넌 후 노래를 지어 여호와의 이름을 찬양했다.

그때 모세의 누나 미리암은 많은 여인들과 함께 소고를 치고 춤추며 여호와의 위대하심을 찬양했다.

그 이후로는 이스라엘과 블레셋이 싸웠을 때, 다윗이 적장 골리앗을 때려눕히사 이스라엘 여인들이 소고와 얇은 쇠를 가지고 나와 사울과 다윗의 공로를 찬양한 적이 있었다.

그렇게 뜨문뜨문 찬양이 이어지다가 성가대를 조직해서 늘 하나님을 찬양하도록 제도를 만든 사람이 다윗이다. 다윗은 어릴 때부터 악기를 만들어서 하나님을 찬양하던 사람이었다. 하나님을 너무나 사랑했던 다윗은 하나님께 아름다운 고백들을 수도 없이 드렸다. 때로는 작곡을 해서 곡과 함께 노래를 불러 하나님께 드렸다.

이런 다윗이 왕이 된 후에 한 일 중에 하나가 바로 전문 성가대를 조직하는 것이었다. 그는 성가대와 함께 하나님을 찬양하며 살았다. 이 찬양 속에서 힘이 나왔고, 이 찬양 속에서 하나님과의 교제가 있었고, 이 찬양 속에서 하나님을 높이며 그분의 복을 받아 누렸다.

다윗은 그의 말년에 왕권을 아들 솔로몬에게 물려주기에 앞서 이스라엘 전군을 정비한 적이 있었다. 12지파의 수를 세고 조직을 새롭게 하면서 제사장 지파인 레위 지파를 재정비하고 임무를 다시 부여하였다.

당시 성전에서 봉사할 수 있는 30세 이상 되는 레위인의 총수는 38,000명이었는데, 그중에 성전 봉사자(제사장을 도와 제사에 시중드는 자)가 24,000명, 유사와 재판관 6,000명, 문지기 4,000명, 찬양대 4,000명으로 이들을 재편성했다.

이것이 성가대의 시초이다. 레위인 38,000명 중 4,000명을 성가대로 세웠다. 4,000명이 한 번에 성가대를 선 것은 아니고, 그중에서 찬양대로만 다시 288명을 선발했다. 선발된 288명의 사람들은 어릴 때부터 하나님을 찬송하는 것을 배워 찬송에 익숙한 무리들이었는데, 그들은 다시 24개 반으로 편성되어 한 조에 12명으로 이뤄졌다.

조로 이뤄지는 방법은 큰 자나 작은 자나, 스승이나 제자 할 것 없이 다 같이 제비를 뽑아 배정했다. 실력을 묻지 않았고, 하나님을 찬양하고 싶은 간절한 소원을 가진 이들을 주로 뽑았다. 음악성보다 앞서는 것이 믿음이기 때문이다. 음악을 전공했고, 성대가 좋아서 찬양할 수 있는 것이 아니었다. 믿음이 있고 헌신하고 싶은, 하나님을 향한 내 사랑을 고백하고 싶은 마음이 있어야 했다.

다윗 왕은 그런 사람들로 성가대를 만들었고, 이 성가대를 통해서 하나님께서는 영광을 받으셨다. 제사는 찬양으로 시작해서 찬양으로 마치기 때문에 제사가 진행되는 동안 찬양대는 계속 음악을 연주해야 했다. 그래

당신의 영성 면역력을 점검하라

서 구약 시대의 예배에서 찬양은 매우 중요한 것이었다.

지금도 그렇지만 당시 예배는 찬양과 분리될 수 없었다. 제사에서 제물을 뺄 수 없는 것처럼 예배에서 뺄 수 없는 것이 있다면 그것은 찬양이었다. 다윗은 왕이 된 후 법궤를 다윗 성으로 모셔 올 때도 찬양으로 시작해서 찬양으로 마쳤다.

예전에 어느 교회의 부흥회에 가서 점심을 먹은 적이 있었다. 밥을 사 주시는 분이 그 교회의 일등 집사님이셨는데, 나보다 나이가 많은 남자 집사님이셨다. 부인되시는 분은 권사님이셨고, 스물여섯 살 된 딸도 함께 식사를 하게 되었다.

그런데 남자 집사님의 목소리가 참 특이했다. 회사 대표이사인데 목소리가 허스키하고 쉰 목소리였다. 목소리가 왜 그러냐고 물어보니 이 때문에 병원도 가보고 약도 먹어봤지만 소용이 없다고, 이제는 이렇게 사는 게 좋다고 하셨다. 그래서 어쩌다 목소리가 그렇게 쉬게 되었냐고 물었다.

그랬더니 "젊을 때 은혜받고 하나님이 계신 것이 믿어지니까 미치게 좋았고, 그 기쁨과 은혜가 쌓이니까 또 감사가 쌓였고, 감사할 제목들은 많은데 하나님께 드릴 게 없으니 날마다 찬양을 드릴 수밖에 없었다고… 대강 드린 것도 아니고 온 마음으로 열정적으로 찬양하다 보니 목이 쉬어버렸다"라고 대답해주셨다.

병원에 갔더니 의사 선생님이 소리 내지 말고 목을 쓰지 말라고 했지만 교회만 오면, 차를 타고 가다보면 하나님이 그렇게 좋고 감사해서 또 찬양을 하는 바람에 목이 다 쉬어버렸다고 하셨다. 형식과 타성에 젖어서 찬송을 드리지 않으려고 이 집사님은 그렇게 열심히 찬양을 드렸다고 하셨다. 의사가 하지 말라고 해도 그냥 드리고 싶었다고 하셨다.

그러던 어느 날, 허리를 삐끗해서 몸이 안 움직여지고 일주일을 쉬어야 하는데도 저녁이 되니까 하루를 인도해주신 하나님께 감사해서 그냥 또 교회에 나와 찬송을 부르셨단다. 그러자 다음 날 이상하게도 아프지 않고, 벌떡 일어나서 환자라는 것도 잊은 채 또 일을 하게 되었다고도 하셨다.

그날 이후로 이 모든 것을 이루시는 분이 하나님이심을 절실하게 믿게 되었다고! 일으키시는 분도 하나님! 인도하시는 분도 하나님! 고쳐주시는 분도 하나님! 그래서 다른 것은 잘 못 드려도 목소리로라도 찬양을 제대로 드리자고 결심하고 찬양을 열심히 부르다 목소리가 아주 쉬어버려서 이제는 회복이 안 된다고 하시는 게 아닌가.

그 후로 무일푼이던 자신을 하나님께서 붙잡아주셔서 회사도 잘 되고, 일거리가 끊어지질 않는다며 감사하다고 하셨다. 부흥회를 하는 3박 4일 동안 새벽, 오전, 저녁에 한 번도 빠지지 않고 나와 찬양하며 하나님께로 가까이 가는 그분의 모습을 보며 이런 마음이 들었다.

'역시 세상은 넓고 고수는 많구나!'

그를 통해 교만한 나를 돌아보며 다시 한 번 놀라게 된다.

사람마다 식성에 따라 특별히 좋아하는 음식이 있고, 취향이 달라서 좋아하는 색깔이나 옷 스타일이 있는 것처럼 하나님께서도 좋아하시는 것이 있는데 그것이 바로 찬양이다.

하나님께서는 우리들이 하나님을 찬양하는 것을 매우 좋아하신다. 그러니 대강 말고 입을 크게 벌리고 목소리 높여서 찬양을 드려라.

당신의 영성 면역력을 점검하라

마귀는 우리들을 하나님에게서 떼어놓으려고 온갖 수작을 다 부리고 있다. 힘을 빼놓는다. 예배가 싫어지게 한다. 사람이 미워지게 한다. 스스로를 초라하게 바라보게 하여 낮은 자존감과 열등감에 시달리게 한다.

그렇지만 이 모든 것을 아주 잘 아시는 하나님께서는 우리들을 위해서 영적인 영양소를 많이 준비해두셨다. 그중 하나가 찬양이다.

상황은 좋지 않더라도 여전히 계속해서 찬양할 때 우리들의 영적인 상태는 건강해지고 하나님께 더 가까이 나아가 그분의 은총을 누리게 될 것이다.

이 책을 읽는 모든 독자들이 엘리사처럼, 바울처럼, 다윗처럼 그렇게 찬양하다가 큰 힘을 얻어서 힘들고 벅찬 세상에서 성령님의 도우심 속에 승리하게 되길 바란다.

예배

아름답고 거룩한 것으로 여호와께 예배할지어다 온 땅이여 그 앞에서 떨지어다

시편 96:9

구약성경 예언서들을 읽다 보면, 이스라엘 사람들의 죄뿐 아니라 이스라엘을 둘러싸고 있는 주변 나라들의 죄를 고발하는 모습을 쉽게 볼 수 있다. 예를 들면, 다메섹의 죄를 고발하거나 가사, 두로, 에돔, 암몬, 모압과 같은 나라들의 죄를 고발하며 경고하고 심판을 예언한다.

한두 명이 아니다. 아주 많은 선지자들, 이사야, 예레미야, 아모스, 스바냐, 에스겔과 같은 선지자들이 성경의 많은 페이지를 채우면서 그들의 죄를 고발하고 심판을 예언한다.

이러한 글을 읽을 때마다 늘 생각하는 것이 있다. '오늘날의 내 모습, 오늘날 우리들의 삶의 모습은 어떠한가' 하는 것이다.

예언자들은 심판을 선포하는 사람들이라기보다는 돌아오라며 그들의 죄를 지적해주고 하나님의 용서와 자비를 전하던 사람들이었다. 하나님께서는 예언자들을 통해 너희들이 돌아와서 하나님의 말씀대로 순종하고 살면 용서하시고 평강과 자비를 베푸시며 천국으로 데려갈 것임을 늘 선포하셨다.

그럼에도 사람들은 현재의 즐거움과 이익 때문에, 편안함과 소유를 늘리는 재미 때문에 예언자들의 말을 무시하며 살았고 결국에는 하나님의 심판 앞에 모든 것을 잃고 말았다.

오늘날도 크게 다르지 않다. 그들이 짓고 있는 죄를 지금도 여전히 짓고 있고, 성경은 여전히 같은 말씀을 외치고 있다. 그리고 그 당시의 사람들이 듣지 않았던 것처럼 오늘날의 우리도 그 말씀을 듣지 않는다.

마귀는 그렇게 호락호락하지 않다. 죄는 끈질기게 우리들에게 붙어 있다. 죄인지도 모르고 짓는 죄가 점점 늘어만 간다.

경기도 광주 복된이웃교회 이동현 목사님의 책 『오늘이 마지막 예배라면』은 아모스 선지자의 외침을 '예배'라는 관점에서 잘 정리한 명저이다. 그분의 말씀에 살을 붙여가며 아모스를 묵상해보았다.

성경에서 아모스 선지자는 주변에 있는 여섯 개 나라의 죄를 낱낱이 고발하며 회개를 촉구한다. 그 내용 역시 오늘날 우리가 짓고 있는 죄와 크게 다르지 않다.

당신의 영성 면역력을 점검하라

첫째, 아모스 선지자는 다메섹의 죄를 고발한다.

다메섹은 그 당시 여러 나라 가운데에서도 매우 잘나가던 강대국 시리아의 수도였다. 시리아 사람들은 다메섹을 중심으로 모여 살면서 매우 중한 죄를 짓고 있었다. 길르앗이라는 지역을 차지하기 위해서 수많은 사람들을 죽였던 것이다.

길르앗은 당시 무역의 요충지였기 때문에 이곳을 장악해야 수입이 보장될 수 있었다. 다시 말해, 그들은 자신의 이익과 욕구를 위해서 다른 사람들에게 상처를 주고 살았던 것이다.

이러한 모습은 오늘날도 크게 다르지 않다. 우리는 양보하며 손해 보려고 하질 않는다.

어느 교회의 부흥회를 갔다가 고등학생들과 청년들이 찬양팀을 구성해 낮 예배 시간에 열심히 찬양 인도를 하는 모습을 보았다. 참 보기 좋았다. 아르바이트를 하며 돈을 벌거나 학원에 가서 공부할 생각도 있겠지만 은혜 받기 위해 찬양해야 한다고 열심히 기도하며 찬양하는 모습을 보았다. 그들은 새벽에도 낮에도 나와 드럼을 치고 건반을 두들기며 마이크를 잡고 찬양하고 있었다.

참 기특하다는 생각이 들어 부흥회를 마친 후에 자장면이라도 사먹으라고 10만원을 주었다. 그리고 나서 그 교회의 장로님과 목사님과 함께 점심 식사를 하는데 장로님이 말씀하시길, 요즘 누가 별로 친하지도 않는 사람에게 선뜻 10만원이나 주느냐고 한다. 90만원 있는 사람이 10만원 더 모아 100만원을 채워 가지고 싶은 세상이지, 누가 선뜻 자기 돈을 내어주냐고 하셨다. 물론 그 장로님은 나를 칭찬하시려 한 이야기였지만 나는 그 말이 이해되지 않았다. 그게 뭐 어려운 일이라고, 그냥 주면 되는데.

그때 문득 깨달았다. '아, 이게 오늘날 우리 삶의 모양이구나.'

우리는 아무리 돈이 있어도 선뜻 10만 원을 내주기 어려운 세상에서 살고 있다. 하지만 적어도 그리스도인들은 그렇게 살면 안 되지 않을까. 나에게는 그렇게 어려운 일이 아닌데, 왜 사람들은 남들에게 돈을 주고 밥을 사주는 것들을 어렵게 생각하는 것일까?

그것이 바로 다메섹 사람들이 짓던 죄였다.

더 모으고 싶고 더 가지고 싶은 마음. 죽을 때 다 가져갈 것도 아니면서, 잠시 쓰다가 금방 떠날 인생을 살면서 손해 보는 것에 대해 너무나 인색하고 남을 배려하거나 기분 좋게 해주지 않는다. 오히려 내 이익을 위해 다른 사람들을 공격하곤 한다.

다메섹이 짓고 있는 이러한 죄의 모습이 오늘날 우리들에게도 보인다. 예수님을 믿는다고 하면서도 그분을 닮아가지 않고 세상을 닮아 더 많이 모으려 하고 욕심껏 내 이익을 챙기려고만 하는 모습.

과연 하나님께서는 이런 우리들을 보시며 기뻐하실까?

예수님께서는 열심히 벌어서 최대한 나눠주며 살아가라고 말씀하신다. 있을 때 나눠주고 살아야 하는데 더 많이 모으기 위해 없는 사람들을 무시하고 괴롭히던 다메섹은 결국 하나님의 심판 앞에 무너져 내렸다.

다메섹 사람들처럼 자신을 위한 삶이 아니라 누군가를 위해 나의 재능과 주머니를 열고 살아가는 예수님의 제자들이 되기를 바란다.

당신의 영성 면역력을 점검하라

둘째, 아모스 선지자는 가사의 죄를 고발한다.

가사는 블레셋이란 나라의 다섯 도시 중 제일 큰 도시였다. 그들은 힘없는 사람들을 잡아다가 노예로 팔던 사람들이었다. 그것도 가깝게 살던 사람들을 잡아다가 아주 먼 나라에 팔아서 다시는 돌아오지 못하게 하였다. 하나님께서는 이러한 죄를 철저하게 미워하셨다.

이는 자기 자신만 귀하고 다른 사람들은 귀하지 않다고 여기는 사람들을 향한 꾸짖음이셨다. 우리 집 자녀는 귀하고 다른 집 자녀들은 무시하는 사람들, 내 주장은 받아들여져야 하고 다른 사람들의 의견은 무시해도 좋다는 사람들. 그들을 향한 꾸짖음이셨다.

나는 때때로 이 말씀 앞에 나를 세울 때가 있다.

'나는 가사 사람들이 짓는 죄를 짓고 있지는 않은가?'

하나님께서는 나 살자고 다른 사람들을 죽이는 이 죄를 얼마나 미워하셨던지, 가사라는 도시의 죄 때문에 주변에 있던 다른 네 도시까지 같이 멸망시키셨다. 블레셋이라는 나라 자체를 없애버리신 것이다.

방관하며 모른 체하고 적극적으로 말리지 않은 무언의 동조자였다는 것이 그 이유였다.

예수님의 말씀이 생각난다. "네 이웃을 네 몸과 같이 사랑하라!"

지난주 어느 부모님으로부터 감사하다는 문자를 받았다. 교회에는 다니지 않으시지만 그 아들이 우리 교회에 나오는데, 그가 이번에 대학에 합격해서 교회에서 장학금을 주었더니 어머님께서 문자를 보내신 것이다. 자기들은 넉넉하게 사는 편인데 교회에서 장학금을 준다고 해서 많이 놀랐다고 하시면서 많은 고민 끝에 장학금을 받지 않기로 결정했다고 하셨다.

그 부모님은 사회적으로도 성공하신 분들인데, 아들이 자신들에 비해 모자라다고 생각해서 많은 꾸지람을 했다고 한다. 그런데 교회에서 아들을 귀하게 여기고 장학금을 주는 모습이 어쩌면 아들에게 큰 자신감을 줄 수 있겠다는 생각을 하셨다고, 아들을 그렇게 배려해주셔서 감사하다며 앞으로도 좋은 가르침을 기대한다고 하셨다. 참 보람이 느껴졌다.

서로를 귀하게 여기고 사랑하며, 더불어 살아가는 우리가 되길 바란다.

셋째, 아모스 선지자는 다메섹과 가사에 이어 두로의 죄도 고발한다.

두로의 죄는 의리를 지키지 않은 것이었다. 형제들과 한 약속을 너무 쉽게 지키지 않았다는 것이다.

성경은 우리의 행복이 소유가 많고 적음에 있는 것이 아님을 늘 가르친다. 약속을 하고 그 약속을 지키며 사는 것, 하나님의 약속을 믿고 그 약속이 지켜지는 과정을 경험해가는 것 속에 행복이 있음을 강조한다.

약속을 기다리다 보면 설렐 때가 있다. 어릴 때 아버지가 어디 출장을 가셨다가 돌아올 때 선물을 사 오신다고 약속하고 가시면 아버지의 일이 얼마나 힘들고 버거운 일인가에는 전혀 관심이 없고, 오직 '어떤 선물을 사 오실까?' 궁금했던 기억이 있지 않은가.

우리 아들이 어렸을 때, 아내가 약속을 하나 했었다. 열심히 공부해서 이번 시험에 전 과목 100점을 맞으면 갖고 싶어 하는 장난감을 사주겠다고. 아들은 선물을 받고 싶은 마음에 열심히 공부했고, 정말로 불가능할 것 같던 일이 이뤄졌다. 전 과목 100점을 맞은 것이다.

선물을 사주기 위해 장난감 가게에 갔는데, 우리가 물가를 너무 몰랐

당신의 영성 면역력을 점검하라

나 보다. 애들 장난감이 얼마나 하겠나 싶었는데, 텔레비전과 연결해서 무슨 게임을 하는 거라 엄청 비쌌다. 아내는 아들을 설득하기 시작했다. 이렇게 비싼지 몰랐다며, 다른 걸 사자고.

그러나 내가 아들의 편을 들어줬다. 아이의 설렘과 사기를 꺾고 싶지 않았다. 열심히 노력한 것에 대해 보상해주고 싶었고, 약속을 지키고 싶었다. 그래서 비싸지만 약속한 것이기에 사줘야 한다고 아내를 설득해 그 장난감을 사줬던 기억이 있다.

만약 그때 아들을 계속 설득해서 다른 장난감을 사줬다면 어땠을까? 그렇다면 아이의 기억 속에는 그 사건이 어떻게 남았을까? 아마 아이의 장래는 어두워졌을 것이다.

손해가 나도 약속은 지켜야 한다. 힘들고 피곤해도 약속은 지켜야 한다. 그런데 내가 좀 편하자고, 내가 좀 더 이익을 보기 위해 약속해 놓고 지키지 않은 사람들이 바로 두로 사람들이었다.

하나님께서는 이에 대해 분노하셨다. 형제와의 언약을 무시하고, 형제를 축복해야 할 사람들이 이익을 따라 그들을 헌신짝처럼 버렸기 때문이다.

하나님께서는 아모스를 통해 말씀하셨다.

"내가 두로 성을 불태울 것이고 그 궁궐들을 다 태워버릴 것이다."

하나님은 약속을 잘 지키시는 분이기에, 성경에 기록된 약속들을 다 지키시는 분이기에 자녀들이 약속을 지키지 않는 것을 매우 싫어하신다.

사람들과의 약속을 지키며 살 뿐만 아니라, 하나님과의 약속을 믿고 그 약속이 지켜지는 과정을 경험하며 행복을 누리는 우리가 되길 바란다.

넷째, 아모스 선지자는 에돔에 대하여도 죄를 고발한다.

에돔의 죄는 '잔인함'이었다. 그들은 거칠고 난폭했으며 자비가 없었다. 오늘날 분노조절장애가 바로 그들의 죄였다.

대한민국은 분노공화국이 되었다고 해도 과언이 아니다. 정치, 경제, 사회, 문화 등 모든 영역이 분노로 가득 차 있다. 분노를 다스리려고 하지 않을 뿐만 아니라 다스리는 법도 모른다. 폭력, 시위, 폭행, 살인, 성폭력, 학원폭력, 가정폭력 등 한두 개가 아니다.

에돔이 누구인가? 바로 야곱의 형, 에서의 다른 이름이다. 동생에 대한 시기와 질투, 동생에 대한 분노가 식어지지 않았던 사람이었다. 그릇된 열등감과 자존심 등으로 다른 사람을 끌어내려야 하고, 점점 이웃에 대해 포악스러워지는 사람들이 바로 에돔의 후손들이다.

그들은 절대 용서 못한다고, 내 눈에 흙이 들어가도 용서할 수 없다고 외치던 자들이다. 그들은 형이면서도 동생에 대해 잔인하게 몰아붙였다. 이익 앞에서 형제가 법정에 서고, 가족이 원수가 되었다.

내 주변에도 아버지의 유산 상속 문제로 누나와 동생이, 엄마와 아들이 법정에 원고와 피고로 선 친구가 있다. 아버지가 살아 계실 때는 아버지가 모든 재산을 아들에게 준다고 했는데, 돌아가신 후에 그게 아니라는 것을 알게 된 것이다. 아버지와 오래전에 헤어져서 외국에 살던 자녀까지도 동일한 상속권이 있다는 것을 알게 된 아들은 한푼이라도 더 가지기 위해 변호사를 선임했고, 그렇게 형제지간에 재판이 시작되었다. 그 과정 속에서 서로에게 참 많은 배신감과 상처를 안겨주었다.

이러한 모습을 하나님이 좋아하실까?

당신의 영성 면역력을 점검하라

직장에서는 어느 정도 분노가 조절되는데 가정에만 들어오면 유독 조절이 안 되는 사람들이 있다. 불같이 화를 내고 잔인할 만큼 가족들을 몰아붙인다. 이게 바로 에돔이 짓던 죄였다.

지난주 오후 예배 때, 일대일로 양육 받으신 분들이 졸업 예배를 드리는데 그 간증들이 참 은혜가 되었다. 바쁘고 피곤하지만 양육을 받으면서 가정이 천국이 되었다는 간증이었다. 가족 한 사람 한 사람의 영혼을 생각하게 되었다고 한다. 주일에만 교회에 나오는 사람들과는 수준이 참 다르게 느껴졌다.

하나님의 말씀과 예배를 통해서 가정이 천국이 될 수 있음을 알게 된 사람들, 얼마나 좋을까?

마지막으로, 아모스 선지자는 암몬과 모압의 죄도 고발한다.

암몬과 모압은 아브라함의 조카, 롯의 후손들이다. 이들은 이익 앞에서 탐욕과 야망 때문에 형제간의 관계를 끊은 사람들이다.

이들은 돈이 너무나 중요해서, 자신들이 더 많은 몫을 가지기 위해서 다른 사람들을 죽였다. 아이가 태어나면 상속받을 자신의 지분이 줄어들까봐 아이를 밴 여인의 배를 갈라서 그 아이를 죽인 사람들로 묘사된다.

'나는 그 정도까진 아니야'라고 말하고 싶은가? 그러나 그런 마음이 없다고 당당히 말할 수 있는 사람이 얼마나 될까.

우리가 목숨 걸고 지켜야 하는 것이 무엇일까?

하나님의 말씀과 사랑, 하나님께서 주신 사명과 기도 같은 것들이 목숨 걸고 지켜야 할 것들이 되어야 하는데 돈이 가장 중요한 보물이 되어버렸다. 특히 모압은 용서를 몰랐다. 용서하지 않은 그들은 결국 용서받지 못했다. 내가 용서하지 않는데 하나님께서는 왜 나를 용서하시겠는가.

가만히 묵상해보면 아모스 선지자 당시 여섯 부족이 짓고 있던 죄를 오늘날 우리도 동일하게 짓고 있음을 보게 된다.

우리는 여전히 용서가 쉽지 않다. 분노는 여전히 내 안에 있고, 안 그런 것 같아도 어떤 상황이 되면 화가 치밀어 오른다.

어디 그뿐인가? 나의 이익을 위해서는 다른 사람을 팔아버릴 수도 있고, 약속은 언제라도 어길 수 있다고 생각한다. 중요한 건 나의 이익이고 내 자존심이니까. 또한 나의 이익을 위해서 다른 사람들에게 쉽게 상처를 주기도 한다.

이들은 진정 예수님을 믿는 사람들일까? 천국에는 갈 수 있을까?

어림도 없는 이야기이다. 하나님은 사랑이 많으신 분이지만 회개하지 않고 용서를 모르는 사람들에게조차 자비를 베푸시는 분은 아니다.

이런 말씀을 듣고 읽다보면 절망스럽기도 하면서 동시에 의문이 생긴다. "그렇게 안 되려면 어떻게 해야 하지?"

오래전에 이러한 고민을 하던 사람이 있었다. 나의 이익을 위해서 이 남자, 저 남자를 유혹하며 가정을 파괴하던 사람. 나의 즐거움을 위해, 자기 자신만을 위해 사느라 인심도 잃고 살던 사람. 내 생각과 다르면 그 누구의 말도 들으려 하지 않고 창피한 것은 숨기고 작은 자랑거리라도 있으면 떠벌리고 싶어 안달나던 사람. 자기 마음에 맞는 교회를 찾고 싶어 이리저리 기웃거리고, 자기 마음에 쏙 드는 설교를 하는 목사님을 찾아 이 교회 저 교회를 찾는 사람. 그러다 또 설교가 자기 기분을 상하게 하면 언제라도 교

당신의 영성 면역력을 점검하라

회를 바꾸어버리던, 자기밖에 모르는 사람. 바로 사마리아 수가라는 동네에 살고 있던 여인이다.

그녀는 남편도 다섯 번이나 바꾸고, 동네 사람들에게 이미 온갖 욕을 먹을 만큼 다 먹었던 여인이었다. 누구도 그 여인과는 친하게 지내고 싶어 하지 않았다. 그녀는 자신의 구미와 식성에 맞는 것이 더 중요하고 맞추며 더불어 사는 것에 대해서는 별 관심이 없던 사람이었다.

그녀는 예수님을 만났을 때도 그분을 무시했다. 그러다가 남들과는 다른 예수님의 말씀을 듣게 되자 이런 질문을 하게 된다.

"하나님께서는 우리가 어느 장소에서 예배드리는 것을 좋아하시나요?"

이 질문을 오늘날의 표현으로 바꾸면 이런 것이다. "예배를 드릴 때 어느 교회에 가서 어떤 목사님께 말씀을 들어야 하나요?"

도대체 예배가 마음에 들지 않는가? 이 교회로 저 교회로 다니며 여러 목사님의 말씀을 듣고, 여러 찬양을 들어도 마음이 채워지지 않는가? 오늘은 좋은데 몇 개월이 흐르면 또 싫어지는가?

늘 내 기준으로 상대방을 판단해야 하고, 내 기준에 맞춰 성경 말씀도 재해석해야 직성이 풀린다면 나는 문제가 있는 사람이다. 이런 사람들은 '나'가 중심이고, '나의 기준'으로 선악을 판단한다.

하나님께서 그렇게 선악과를 먹지 말라고 하시는데도, 늘 선악과를 먹고 옳고 그름을 따지며 정죄하고 비난한다. 이처럼 내가 늘 기준이 돼서 가위질을 해대니 행복할 수가 없다.

수가성의 여인도 불행했다. 이때, 예수님께서 아주 명쾌한 정답을 알려주신다. "예배는 장소가 중요한 것이 아니라 대상이 중요하다"라고.

그리심 산이나 예루살렘이나 장소가 중요한 것이 아니라 예배를 드리는 너 자신이 중요하다고 가르쳐주신다. 그러면서 내 만족을 위한 예배, 내 기분과 감정을 만족시키기 위한 예배는 집어 치우라고 하신다. 내가 힘들고 짜증나도, 어렵고 답답해도 예배를 통해서 하나님이 기뻐하시는 것이 중요한 것이라 말씀하신다. 예배 가운데 성령의 인도하심이 있고 예수님의 이름으로 하나님을 향한 고백과 찬양이 있어야지, 사람 중심의 예배는 그만두라고 말씀하신다.

사람이 중심이 된 예배는 진정한 예배가 아니다. 내가 뭐가 그리 중요한가. 나를 지으신 그분! 나를 부르시는 그분! 나를 보내시는 그분 중심의 예배가 되어야 한다.

예수님께서는 이렇게 말씀하셨다.

하나님은 영이시니 예배하는 자가 영과 진리로 예배할지니라
_ 요한복음 4:24

예배의 중심은 하나님이시고, 그분께로 나아가는 데 성령님의 도우심과 예수 그리스도의 이름이 필요함을 알려주시는 말씀이다.

수가성의 여인마저도 고민했던 하나님께 바로 드려지는 예배의 문제를 오늘날 우리는 너무 쉽게 놓치고 있음을 깨닫게 된다. 매주 드리는 예배다 보니 형식과 타성에 빠져 아무런 의미가 없을 때가 많다.

그러다 보니 언제부터인가 내가 예배의 중심이 되었다. 내 기분이 좋아야 하고, 내 마음에 들어야 한다. 물론 여러 목사님들이 어떻게 하면 예배

당신의 영성 면역력을 점검하라

가 더 은혜로울까를 늘 고민하지만 제일 중요한 기준은 사람이 아니라 하나님이시다. '하나님이 기뻐하실까?', '하나님이 받으실 만한 예배인가?'

그런데도 우리는 늘 내가 좋은 예배를 찾고 있다. 예배가 지루하다는 사람도 있고, 재미없다는 사람도 있다. 생각해보면 원래 예배는 지루하고 재미없는 것이 맞다. 양을 죽이고 소를 죽이고 피 비린내가 나고, 살이 타고 내장이 타는 속에 무슨 재미가 있겠는가. 예배는 원래 그런 것이다. 그 속에서 내 죄가 타 없어지고 회개와 용서가 있는 곳! 하나님과의 새로운 관계가 맺어지고 이어지는 곳, 바로 그것이 진정한 예배이다.

그런데 우리는 하나님 중심의 예배를 나 중심의 예배로 바꿔버렸다. 수가성 여인마저도 고민하던 그 예배에 대하여 우리는 아무런 고민도 없이 재미와 자기만족을 추구하고 있는 것이다.

온 마음을 다 하나님께 드리고 찬양과 기도와 예물을 드리는 것, 이러한 드림에 예배의 일차적인 목적이 있다. 그 후에 하나님께서 말씀을 주시고 복을 내려주시는 것이 예배이다. 그런데 우리는 하나님께 드리려고 하지 않고 받으려고만 한다. 이것이 참 예배일까?

예배는 '받음'이 아니라 '드림'이다. 내가 은혜받는 것이 중요한 게 아니라 나 자신을 하나님께 드리고 있는지를 먼저 살펴봐야 한다.

받음의 예배에서 드림의 예배로 바뀐 후로 기쁨이 넘치던 기억이 있다. 눈물이 마르지 않던 기억이 있다. 성가대의 찬양을 들으면 눈물이 나고, 말씀을 들으면서도 울었다. 찬양을 드리며 감격했고, 예물을 드리며 죄송스러웠던 적도 있었다.

일주일 동안의 내 삶에서 가장 중요한 시간은 예배를 드릴 때다. 일단 예배를 위한 시간을 먼저 떼어놓고, 다른 시간들과 다른 일정들을 채워간다. 예배보다 우선인 것은 없다. 내가 아무리 정성을 다해 예배를 드리는 것 같아도 그 예배를 통해 주시는 하나님의 영양분이 없다면 내 삶의 원동력은 사라지기 때문이다.

예배 시간에 조는 한이 있더라도 예배는 계속 드려져야 한다. 예배가 멈추면 영양분도 끊어진다. 영양실조에 걸리면 일어설 힘을 잃게 되지 않겠는가. 그러므로 함께 드리지 못할 상황이라면 혼자서라도 멈추지 말아야 할 것이 바로 예배이다.

영성생활에 좋은 영양소들을 소개하고 있다. 온갖 종류의 마귀가 뿌려놓은 씨앗들이 자라서 미움, 분노, 배반, 불신의 사회를 살아가고 있고, 우리 자신에게도 그러한 경향이 있지만 분명히 기억해야 하는 것은 예배를 올바르게 드리게 되면 죄에서 멀어지고 내 삶이 예수님의 삶을 닮아가게 된다는 것이다. 그래서 예배가 영적 생활에 아주 좋은 영양소가 됨을 기억해야 한다. 예배를 소중히 여기고 예배 중심으로 시간 계획을 세우며 살아가길 바란다.

성경을 보면 나 중심의 예배, 내 마음에 들고 내가 만족해야 되는 예배를 드리던 사람들은 벌을 받았지만 하나님을 높이려는 간절한 소망을 품고 하나님께 올바르게 예배드리던 사람들은 모두 복의 전달자가 되었다.

사람은 영이 있다. 영이 건강해야 하나님께로 잘 나아갈 수 있다. 또한 예배를 통해서 하나님의 형상을 포기하지 않고 거룩한 삶을 이어갈 수 있으며 행복한 삶을 살다가 천국에 이를 수 있다. 영을 살찌우는 방법 중 하나가 바로 예배이다. 그래서 성경 속 위대한 스승들은 예배를 그토록 소중히 여긴 것이다.

큰 혼돈 속에서 재앙을 미리 알아 방주를 짓고 그 속에 들어가 생을 이어간 노아의 식구들은 기적의 주인공들이다. 그들은 하나님의 은혜를 입었다. 그럴 수 있었던 이유는 바로 그들이 예배 중심의 삶을 살았기 때문이다.

그칠 것 같지 않게 몰아치던 비가 그치고 서서히 바람이 불어 그 물이 다 빠져 나가고 하늘의 태양이 물을 말려 배의 문을 열고 육지에 처음 나오던 날, 그들은 환호성을 지르지 않았다. 그들은 자신들이 기적적으로 살았다는 기분에 얼싸 안고 춤추지 않았다. 그들 모두 하나님을 생각하며 제단을 쌓고 예배를 드렸다. 예배를 통해 하나님을 만났다. 노아는 자신들을 살려주신 하나님께 감사의 예배를 드렸고, 하나님께서는 무지개 언약으로 노아에게 응답하셨다.

야곱과 에서는 또 어떠했는가. 외형적으로는 에서가 야곱보다 훨씬 훌륭했다. 대장 같은 강인한 면이 있었고, 아버지의 사랑을 듬뿍 받았으며, 한 민족의 지도자가 되고 하나님께서 사용하시기에 조금도 부족함이 없는 듯한 사람이었다. 그에 반해 야곱은 어느 면을 봐도 하나님께서 사용하실 만한 구석이 없는 사람이었다. 그럼에도 하나님께서는 에서가 아니라 야곱을 사용하셨다.

그 이유 중 하나가 바로 야곱은 예배의 사람이었지만 에서는 예배를 드린 적이 없다는 사실이다. 야곱은 형에게 쫓겨나서 한 걸음이라도 더 빨리 도망쳐야 하는 그 광야에서조차 걸음을 멈추고 예배를 드렸다. 잠잘 때 베개로 베던 돌을 가져다가 기름을 붓고 거기서 하나님께 예배를 드리며 그분을 만나길 원했다. 우상을 숭배하던 외삼촌의 집에 가 있으면서도 예배를 잊지 않았고, 다시 형을 만나러 가는 길에서도 예배를 잊지 않았다.

죽은 줄로만 알았던, 그렇게 사랑하던 아들 요셉이 죽지 않고 금마차를 보냈을 때도 야곱은 홀로 하나님을 찾았다. 당장에 마차를 타고 한걸음에 달려가 요셉을 만나야 함에도 야곱은 예배를 드렸다.

야곱에게는 잃은 자식을 다시 만나는 것보다 하나님께 예배드리는 것이 먼저였다. 결국, 하나님께서는 예배를 소중히 여겼던 야곱을 사용하셔서 이스라엘이란 위대한 민족을 일으키는 기적을 행하셨다.

이 외에도 우리가 잘 알고 있는 가인은 예배 한 번 잘못 드려서 실패자, 죄인이 되었고 아벨은 성공적인 예배를 드림으로써 믿음의 조상의 반열에 올랐다.

예배에서 가장 중요한 부분은 하나님을 향한 나의 마음이다. 그래서 예배는 받음이 아니라 '드림'이다. 창세기를 잘 읽어보면 하나님께서 받으신 것은 아벨이란 사람 그 자체였고, 받지 않으신 것은 가인이란 사람이지 결코 예물이 아니었다.

예배를 드리는 사람이 중요한 것이다. 그 마음이 중요하고 그 영혼이 중요하고 그 사람의 태도가 중요한 것이지, 다른 것에 관심을 가질 필요가 없다. 예물에 나를 담고, 찬양에 나를 담고, 기도에 나를 담아 하나님께 드리는 것! 이러한 '드림'을 받으시는 하나님께서 말씀하시고 복을 내려주시는 것, 그것이 바로 예배이다.

죄와 멀어져서 살기에는 너무나 힘든 세상을 살아가고 있다. 죄는 우리와 너무 가까이에 있다. 예언자들이 질책하던 그 나라들의 죄를 오늘날 우

당신의 영성 면역력을 점검하라

리는 또 이겨내지 못하고 있다. 그렇다고 계속 그렇게 끌려갈 수만은 없는 노릇이다.

우리를 사랑하시는 하나님께서는 우리들의 영적생활을 위해서 아주 좋은 영양소를 마련해두셨다. 바로 '예배'이다. 예배가 바로 드려지면 세상을 이길 힘을 얻을 수 있고, 죄와 더불어 살지 않아도 된다. 더 이상 선지자의 꾸지람을 듣지 않아도 된다. 뿐만 아니라 예배는 하나님의 눈에 띌 수 있는 제일 좋은 기회다.

하나님은 신령과 진정으로 예배하는 자를 찾으신다. 하나님께서는 예배하는 자들을 보고 계신다.

당신은 '받음'의 예배에서 '드림'의 예배로 변화됨을 생각하며 예배를 드리고 있는가? 당신은 아모스 선지자의 꾸지람에서 벗어나기 위해서라도 바른 예배를 시도하고 있는가?

아무리 생각해도 예배는 참 좋은 영양소임이 틀림없다.

Part 2

고난을
이겨내기 위해
필요한 영양소

영양소
넷

힘듦

고난 당한 것이 내게 유익이라 이로 말미암아 내가 주의 율례들을 배우게 되었나
이다

시편 119:71

    건강한 삶을 위해서는 비타민, 미네랄, 철분, 칼슘, 인, 엽산, 마그네슘, 비오틴, 콜린, 아연, 구리, 장내 유익균, 항산화제, 프로바이오틱스 등 많은 영양분들이 필요하다. 이런 것들이 몸에 충분히 공급되면 우울증도 줄어들고, 항암 효과에도 좋고, 항생제 역할도 해주고, 혈압에도 도움이 되고, 소화기관이나 각종 면역력 증가에도 큰 도움을 준다.

    그러므로 건강을 위해서는 이 모든 영양분들을 음식물과 태양, 나무, 공기와 같은 자연환경이나 필요에 따라서는 영양제 등을 통해 충분히 공급받

아야 한다.

이번 장에서는 우리를 사랑하시는 하나님께서 우리들의 영성생활을 위해 주신 영양소들 중 '힘든 삶' 혹은 '고난'이 얼마나 좋은 영양분이 되는지를 나누고자 한다.

얼마 전 교회에 다니지 않는 한 친구를 만났다. 그 친구는 꽤 오래 알고 지냈지만 만난 적은 많지 않은 친구이다. 한때는 함께 신앙생활도 했지만 믿지 않는 남자와 결혼해서 꽤 멀어진 친구이다.

그 친구가 참 힘든 삶을 살고 있다고 토로하며 양가 부모님을 모시는 게 힘이 든다고 했다. 시어머니는 툭하면 전화하셔서 이거 해라 저거 해라 하시고, 남편이나 아이들도 은근히 시키는 일이 많다고 했다. 체력은 안 되는데 해야 할 일은 점점 늘어나고, 게다가 요즘 아버지가 편찮으셔서 형제들이 비상에 걸려 있는데 교회 권사님인 친언니가 자기를 너무 이해해주지 않는다는 불만이었다.

그러면서 내게 이런 말을 했다. "권사님들은 뭔가 달라야 되는 게 아니야? 동생의 힘든 삶을 이해하기는커녕 자꾸 야단만 치는데 권사가 뭐 저러나 싶을 때가 있다니까."

그 친구의 이야기를 듣는데 우리 교회의 권사님들이 생각났다. '형제지간에도 교회 직분자들에 대한 기대가 있을 텐데 우리 교회의 권사님들 중에는 형제간에 신앙인답게 인정받는 분이 누가 계실까?'

친구는 아무도 알아주지 않는 게 더 속상하다고도 했다. 가까운 남편이나 자녀들, 형제들, 부모님이 내 힘든 사정은 모르고 이거 해달라 저거 해달라고만 하니까 너무 우울하다는 것이다. 위로받지 못하고 대우받지 못

당신의 영성 면역력을 점검하라

하고 사는 것 같아 화가 나서 잠도 오지 않는다고 했다. 언제까지 이러고 살아야 되나 싶고 수면제가 없으면 잠을 잘 수가 없다는 이야기를 들으며 참 답답하고 슬픈 마음이 들었다.

이처럼 자신에게 휴가를 주고 어디론가 멀리 떠나고 싶어도 형편이 그렇게 되지 않으니 한숨만 나오는 사람들이 어디 한둘이겠는가.

사업하는 친구들을 만나보면 화가 머리끝까지 올라온 친구들이 꽤 있다. 예전과 다르게 사업 환경이 너무 안 좋아져서 물량 소진은 안 되고, 결제는 제때 이뤄지지 않고, 새로운 거래처를 뚫기도 쉽지 않다며 나와 대화하는 내내 말끝마다 욕이 그냥 튀어나오는 친구도 있다.

이외에도 금융기관에 다니는데 곧 은퇴해야 하는 친구, 연말만 되면 매년 회사와 재계약을 해야 하는 문제 때문에 긴장돼서 잠도 안 오고 식욕도 떨어졌다는 친구도 있다. 또 교인들 중에도 형제들의 병 때문에, 자녀들의 진로 때문에, 자녀들의 불신앙 때문에, 부모님의 병간호를 하며 신경 쓰느라 힘드신 분들이 정말 많다.

어디론가 멀리 떠나고 싶은 사람들! 미래는 점점 불투명해지고 보이는 것조차 없는데, 오늘 하루도 허우적거리며 버텨내야 하는 사람들! 힘듦 속에서 원망하거나 지친 사람들에게 내 힘으로는 감당하기 어려운 바로 그 힘듦이 디딤돌이나 영양소가 될 수는 없을까?

성경을 읽어보면 바로 그 힘듦이 하나님께서 주시는 영양소인 경우가 종종 있다. 문제는 그 힘듦의 영양소를 내가 어떻게 받아들이고 내 것으로 소화시키느냐는 것이다.

힘듦이 영양소가 되는 첫 번째 경우는 그 힘든 삶 속에서 하나님의 사랑과 능력을 경험하게 될 때다.

힘든 삶 속에서 그 힘듦을 이길 수 있는 능력이 내게 없음을 알게 되고, 나의 전적 무능력과 전적 타락 가운데 놓인 한없이 초라하고 약한 자신을 보게 되는 것이다. '이건 내가 상대할 수 있는 것이 아니구나!' 하는 한계를 느끼며 문득 하늘을 보게 될 때, 그 힘듦은 명약이 되는 영양분임을 경험하게 된다. 평소에는 보지 않다가도 힘든 삶이 밀려오고 쭉 이어지면 믿음의 사람들은 눈을 들어 하늘을 바라보게 된다.

> [1] 내가 산을 향하여 눈을 들리라 나의 도움이 어디서 올까 [2] 나의 도움은 천지를 지으신 여호와에게서로다 _ 시편 121:1~2

그래서 그 힘듦 때문에 전능자 되시는 하나님께로 더 가까이 나오는 경우가 있다. 그럴 경우에 그 힘듦은 결코 걸림돌이 아니라 디딤돌이 된다. 힘들지 않은 사람은 없다. 인생은 쓰다.

그런데 그 쓴 인생 중에 하나님을 발견하는 사람들, 하나님께 가까이 나아가려는 사람들은 그 힘듦을 통해서 내 삶에 큰 능력을 부어주시는 하나님을 경험하게 되고, 그 믿음과 경험은 성령의 도우심 속에 상황을 이기는 영양소가 되어 왔다. 힘드니까 더욱더 기도하게 되고 예배드리게 되고 금식도 하게 되는 것이다. 원망, 탄식, 억울함, 배신감에 휘둘리지 않고 하나님을 찾게 되는 계기가 되었을 때 그 힘듦은 내 인생의 전환점이 된다.

아브라함이 하나님께 부르심을 받았을 때가 일흔다섯의 나이였다. 믿음

당신의 영성 면역력을 점검하라

으로 출발했는데 경제적인 상황이 좋지 않았다. 유목민이 되어 이리저리 떠돌며 형식적으로 하나님을 의지하며 살았다. 애굽에도 가보고 블레셋 영토에도 들어가 보았지만 누구 하나 자신을 환영해주는 이 없는 외로운 외국인 노동자 신세였다.

아브라함은 힘드니까 더욱 기도하게 되었고, 하나님이 주신 말씀을 더욱 더 붙잡았다. 그런데 그렇게 사는 게 결코 쉬운 일은 아니었다.

마귀라는 놈은 그 힘듦 속에서 하나님을 찾아가지 못하도록 철저하게 방해하곤 한다. 그래서 힘이 들면 병원을 찾아가고, 사람들을 찾아가고, 우울하며 혼자 쓸쓸하고 비관적이 되게 한다. 그래서 술을 가까이 하는 시간이 늘어가고 어떤 사람들은 마약에도 손을 댄다. 어쩌면 이게 대부분의 사람들이 힘들 때 가는 길이고, 때론 정상적이라고 느껴지기도 한다.

그러나 믿음의 사람은 그렇지 않다. 믿음은 평소에나 모든 것이 좋을 때는 잘 드러나지 않는다. 그러나 힘든 상황이 되어 보면 그 사람의 믿음이 드러난다. 오래 교회에 다녔다는 사람들 중에서도 힘든 상황 앞에서 좌절하는 경우가 종종 있다. 그때가 바로 믿음을 사용해서 일어서야 할 때임에도 그게 잘 안 되어서 옆에서 지켜보는 사람들을 힘들게 한다.

아브라함은 그렇지 않았다. 그가 믿음의 조상이라 불리는 이유는 힘든 상황이 없어서가 아니라, 그 힘든 중에 믿음을 사용해서 하나님께로 더 가까이 나아가려고 했기 때문이다. 그리하여 그는 앞이 보이지 않는 상황에서도 하나님의 개입하심과 간섭하심을 경험하며 살았다.

시편 기자는 이렇게 고백했다.

"하나님께 가까이 함이 내게 복이라(시편 73:28)"

하나님께 가까이 갔더니 환난이 사라진 것이 아니라 환난을 이길 힘을 주셨다는 말씀이다. 하나님께서는 기적을 보여주시면서 믿으라고 하시는 분이 아니다. 내가 믿음을 보일 때 기적을 보여주시는 분이다.

베다니에 살고 있던 나사로가 죽었을 때 예수님께서는 그를 바로 살려주시고 사람들에게 자신을 믿으라고 하지 않으셨다. 나에게 이런 대단한 능력이 있으니 자신을 믿으라고 하지 않으셨다. 오히려 기적은 일어나지 않았고 힘든 상황이 달라진 것도 아니었지만 예수님께서 하나님의 아들이심을 믿고, 예수님께서 사랑하고 계심을 믿고, 예수님께서 생명의 주관자이심을 믿으라고 요구하셨다.

"부활을 믿으라! 살아날 것을 믿으라!"

그리고 마리아와 마르다가 이 믿음을 고백하게 되었을 때 예수님은 죽은 나사로를 살리셨다. 기적이 먼저가 아니고 믿음이 먼저였다. 믿으면 기적을 보게 되지만 기적을 보고 믿겠다고 하면 그 삶에 기적은 없다.

마리아와 마르다는 상황이 여전히 안 좋았지만 예수님의 말씀을 맹목적으로 믿었고 곧 기적을 경험하게 되었다.

아브라함도 이 같은 믿음이 있었다. 창대케 해주실 것이며 복의 근원이 되게 해주실 것이고, 지금은 땅 한 평 없는 떠돌이지만 언젠가는 자기 소유의 목장과 밭을 가진 정착민이 될 것이라 믿었다. 그래서 더 열심히 살았다.

이것이 믿음의 힘이다. 그는 상황이 좋아져서 믿은 것이 아니라, 힘든 상황을 믿음으로 이겨냈다. 힘들수록 하나님께로 더 파고들어 갔다.

아이들이 무서울수록 엄마의 품을 파고들어 가듯이 신앙인들은 힘들수록 하나님께 더욱 파고들어 가야 그분을 경험할 수 있게 된다.

당신의 영성 면역력을 점검하라

아브라함은 블레셋에 정착하러 갔다가 구박을 당하게 된다. 하나님께서 강제로 개입하심으로 가까스로 목숨을 건지고 돌아온 적도 있다. 어느 날은 우물을 팠는데, 그 당시에는 물이 귀할 때라 물이 나올 확률도 높지 않았음에도 아브라함이 판 우물에서 물이 펑펑 쏟아져 나와서 농사도 목축업도 할 수 있게 되었다.

그러자 블레셋 사람들이 찾아와서는 그 우물을 힘으로 빼앗았다. 밀려나야만 했던 약자 아브라함은 억울했다. 기댈 때나 하소연할 때도 없었다. 그렇게 빼앗기며 살아야 하는 서러운 인생이었을 뿐이다.

그러나 아브라함은 그 힘든 삶 가운데서도 하나님에 대한 무한 신뢰를 포기하지 않았다. 하나님은 나를 사랑하시므로 내 삶을 행복하게 만들어 주실 거란 믿음이 있었다.

그는 은혜와 사랑에 대한 기대를 가득 품고 하루하루 참 열심히 살았다. 힘들었지만 그로 인해 포기하고 원망한 게 아니라 인간의 한계를 느끼며 더욱 하나님께로 가까이 나아가서 그분의 품에 파고들었다.

그러자 신기하게도 점점 재산이 늘어났다. 빼앗기기도 하고 없어지기도 했지만 하나님의 도우심의 손길은 그것들보다 더욱 컸다. 아브라함이 점점 창대하게 될 즈음에 아들이 생기는 기적도 일어났다. 아흔 살인 할머니 사라가 점점 회춘하더니 아이를 낳을 상황이 된 것이다. 그렇게 아브라함은 이삭을 얻게 되었다.

이 엄청난 모습을 지켜보던 블레셋의 왕과 군대 장관은 약간 두려워졌다. 별것 아니라고 여겼는데, 아브라함의 능력이 아니라 아브라함이 신뢰하는 하나님이 참으로 대단하신 분임을 알게 된 것이다. 그래서 어느 날,

블레셋 왕 아비멜렉과 군대 장관인 비골이 아브라함을 찾아와서 이렇게 말한다.

> ²² 그때에 아비멜렉과 그 군대 장관 비골이 아브라함에게 말하여 이르되 네가 무슨 일을 하든지 하나님이 너와 함께 계시도다 ²³ 그런즉 너는 나와 내 아들과 내 손자에게 거짓되이 행하지 아니하기를 이제 여기서 하나님을 가리켜 내게 맹세하라 내가 네게 후대한 대로 너도 나와 네가 머무는 이 땅에 행할 것이니라 _ 창세기 21:22~23

그동안은 내가 갑이었고 네가 을이었지만 이제는 그런 관계가 아니라는 것이다. 이제는 동등한 관계에서 서로 잘 지내자고, 우리뿐만 아니라 점점 창대케 될 네 자손들과 우리 자손들이 함께 이웃으로 잘 지내며 살자고 말하는 것이다.

평생을 약자로 살아온 아브라함은 참 감격스러웠을 것이다. '그 힘듦의 세월 동안 하나님 한 분만을 의지하고 그분의 말씀을 신뢰하며 성실하고 정직하고 공의롭게 살아왔더니 이런 날이 오는구나' 하고 생각했을 것이다. 우리 같으면 단순히 좋아하고 말았을 텐데, 아브라함은 그때 큰 소리를 치기 시작한다.

"내가 과거에는 너희들의 종처럼 살았지만 이제 하나님이 나와 함께하심으로 당당해졌다! 평화 협정도 좋지만 집고 넘어갈 게 있다. 그동안 우리가 판 우물을 너희들이 빼앗은 일이 있었는데 그걸 돌려주면 좋겠다."

오히려 블레셋 왕을 책망한 것이다. 똑바로 하라고!

당신의 영성 면역력을 점검하라

아비멜렉의 종들이 아브라함의 우물을 빼앗은 일에 관하여 아브라함
이 아비멜렉을 책망하매 _ 창세기 21:25

눈치 보며 한숨만 쉬던 사람이 이제는 책망하는 사람이 된 것이다. 이렇
게 되자 아비멜렉은 꼬리를 내리며 이제는 너희들이 판 우물은 너희들이
가지라고 이야기한다. 아브라함의 소유권을 인정한 것이다.

그러자 아브라함은 그 우물이 이제 확실히 자신의 것이 되었다면서 아
비멜렉과 서로 맹세를 한다.

"여기까지, 이 우물이 있는 곳까지 내 땅이다."

땅 한 평 없이 쫓겨 다니던 아브라함이 땅을 소유하게 되고 그 소유권을
인정받은 날, 그는 두 가지 매우 중요한 일을 한다. 하나는 우물의 이름을
'맹세의 우물'이란 뜻의 '브엘세바'라 지은 것이다. 이 우물의 이름은 곧 그
지명이 되었고, 그 지명은 유다 땅의 남방 한계선으로 지칭되기 시작한다.

흔히 이스라엘의 영토를 '북쪽 단에서 남쪽 브엘세바까지'라고 하는데
남쪽 브엘세바가 이때 아브라함의 소유로 인정되었다. 이렇게 아브라함은
자기 소유의 땅을 가지게 되었다.

힘든 세월을 말씀만 의지하며 하나님의 도우심을 구하며 살았더니 오히
려 그 힘듦이 영양소가 되어 땅을 소유하게 된 것이다.

이어서 아브라함이 두 번째로 한 일은 브엘세바에 에셀 나무를 심은 것이
다. 에셀 나무는 당시 사람들이 경계선을 나타내는 울타리로 사용하던
나무이다. 지평선 끝이 보이는 곳 저 너머까지 내 땅이 생겼다는 표시를 한
것이다.

아침부터 저녁까지 며칠 동안 이곳저곳 경계 즈음에 에셀 나무를 심으며 하나님께 감사하고 감격했을 아브라함을 떠올려보라. 성경은 아브라함의 기뻐하는 모습을 이렇게 기록하고 있다.

아브라함은 브엘세바에 에셀 나무를 심고 거기서 영원하신 하나님 여호와의 이름을 불렀으며 _ 창세기 21:33

교회를 개척하고 7번 이사를 했다. 2층에서 3층으로, 3층에서 지하로, 지하에서 다시 3층으로, 또다시 4층으로, 같은 건물 내에서 이사한 적도 있다. 그렇게 살다가 땅을 구입하고 성전을 지어 지금의 예배 장소에서 예배를 드렸을 때 참 하나님께 감사하고 감격했었다. 그날 에셀 나무를 심었던 아브라함의 감격을 어렴풋이나마 알 수 있었다.

우리 어머니가 76년도에 서울에 오셔서 방 한 칸에서 사시고 10여 년을 이 집 저 집으로 짐을 꾸려 이사를 다니시다가 종로구 청운동에 집을 짓게 되셨다. 집을 다 지으시고는 목사님을 모시고 예배를 드리시던 날, 왜 그렇게 우시던지.

힘든 인생을 사셨기 때문이리라. 힘드니까 포기하고 우울해진 것이 아니라 힘들기 때문에 더욱더 하나님을 의지해야 했고, 더욱더 예배를 소중히 여겨야 했고, 자녀들을 더 강하게 길러야 하셨던 것이다. 고생만 하시다가 집을 짓고 입주하시면서, 그 지나간 세월을 함께하시면서 여기까지 인도하신 브엘세바의 하나님이 생각나신 것이다. 에셀 나무를 심으며 기뻐하던 아브라함이 생각나셔서 우신 것이다.

당신의 영성 면역력을 점검하라

그날 목사님께서 설교를 못 하실 만큼 우시던 기억이 있다. 힘들었기에 더욱 감격스러운 것이요, 그 힘듦이 영양소가 되어 어머니를 하나님께로 이끌었기에 그날의 감격이 있었던 것이다.

이런 경우에 그 고난은 내게 아주 좋은 영양소가 된다는 고백이 바로 시편의 고백이다.

고난 당한 것이 내게 유익이라 이로 말미암아 내가 주의 율례들을 배우게 되었나이다

주변에도 참 힘든 환경 가운데에 계신 분들이 있다. 두 가지 경우로 나타나는데 '내가 불쌍하니까 당신들이 나를 도와줘야 해', '내가 힘드니까 당신들이 기분 나쁘지 않게 나한테 잘 해야 돼' 등의 모습이 있는가 하면, 반대로 절대 티를 내지 않는 사람들이 있다. 혼자 있을 때야 외롭고 어두운 모습일 수 있겠지만 힘든 티를 내지 않고 오히려 다른 사람들을 배려해주는 이들은 참 열심히 기도하며 하나님께로 나아와 매달리는 사람들이다.

처음에는 두 사람의 차이를 모른다. 그러나 곧 그 차이가 드러나게 된다. 지금의 힘듦은 그걸로 끝이 아니라 하나님께서 나에게 주시는 아주 좋은 영양소라는 이 분명한 사실을 믿고 견뎌내는 사람들은 결국 에셀 나무를 심는 복을 누리게 됨을 여러 번 보았다.

반면에 힘듦을 신세타령이나 원망의 기회로 삼은 사람들, 혹은 자기 연민에 빠져 스스로를 불쌍히 여기며 하나님께 파고들어 갈 기회를 놓친 사람들은 계속 척박한 삶을 이어가는 것을 본다.

당신은 오늘 어떤 사람인가?

힘듦이 영양소가 되는 두 번째 경우는 그 힘듦 때문에 삶의 다양한 지혜를 얻게 될 때다.

눈물 젖은 빵을 먹어본 사람만이 인생을 안다고 했던가! 지혜가 없는 사람들의 삶은 자신도 힘들지만 다른 사람도 힘들게 하는 경우가 많다.

반면 지혜로운 사람들의 삶은 자신도 가벼워지고 다른 사람들의 삶도 깃털처럼 만들어준다. 물론 이러한 지혜는 하나님에게서 나오고, 하나님께서 주시는 힘듦을 감사함으로 받아서 믿음으로 감당할 때 자연스럽게 만들어진다.

내가 아는 한 선교사님은 80년대에 서울역에서 구두를 닦던 분이셨다. 그야말로 눈물 젖은 빵을 먹어본 분이다. 추위와 더위와 가난 속에서 고생하며 살면서 하나님을 찾은 목사님이다. 신학대학을 졸업하고 선교사가 되었는데, 고생해봤기에 고생하는 사람들을 이해하고 그 힘듦 속에서 몸에 익은 지혜가 있는 분이다.

그분은 만나야 할 사람과 만나지 말아야 할 사람, 친구가 될 사람과 그렇지 않은 사람들을 알아볼 수 있었고 할 수 있는 일과 할 수 없는 일을 구분하는 지혜가 있었다. 선교사가 된 후에도 힘든 원주민 지역을 자주 돌아다니면서 하나님과도 가까워지고 지혜도 얻게 되었다고 한다. 참 성공한 선교사로 인정받는 모습을 나는 부러워했었다.

책 속에도 지혜가 있지만 고난 속에 지혜가 있음을 믿고, 이 책을 읽는 모든 독자들이 이 선교사님처럼 고난 속에서 삶의 지혜를 배우게 되길 바란다.

성경에 보면 지혜는 하나님께서 주시는 것으로 나와 있다. 지혜의 왕이

당신의 영성 면역력을 점검하라

신 그분이 지혜를 주셔야 지혜로워지는 것이라고 말한다. 특히 고난을 믿음으로 이겨낸 이들에게 지혜를 선물로 주시는 경우가 많았다.

성경 속에서 지혜롭기로 소문난 욥, 요셉, 다윗, 솔로몬, 다니엘 이들의 공통점은 모두 환경 때문에 혹은 사람 때문에 많은 아픔과 힘듦을 겪으며 산 사람들이란 것이다.

환경이 어렵고 힘들다며 포기하고, 불쌍하다고 자기 연민에 빠지고 원망한 사람들이 아니다. 분노 속에서 살던 사람들이 아니다. 믿음으로 하나님을 의지하며 열심히 살다 보니까 지혜를 덤으로 받은 사람들이다.

다윗의 지혜는 막내로 태어나 구박받으며 살다가 왕의 사위가 된 후에도 오해 속에서 도망 다니던 힘든 망명 생활 속에서 나왔다.

솔로몬의 지혜는 서자로 태어난 그의 아픔 속에서 나왔다.

다니엘의 지혜는 외국인 노동자로, 포로로 끌려온 사람으로 힘들게 살면서 받은 선물이었다. 힘든 상황 속에서도 참 열심히 믿음으로 사는 다니엘에게 하나님께서 선물로 지혜를 주신 것이다. 다니엘의 지혜를 성경은 이렇게 표현하고 있다.

왕이 그들에게 모든 일을 묻는 중에 그 지혜와 총명이 온 나라 박수와 술객보다 십 배나 나은 줄을 아니라 _다니엘 1:20

왕이 이에 다니엘을 높여 귀한 선물을 많이 주며 그를 세워 바벨론 온 지방을 다스리게 하며 또 바벨론 모든 지혜자의 어른을 삼았으며 _다니엘 2:48

내가 네게 대하여 들은즉 네 안에는 신들의 영이 있으므로 네가 명철과 총명과 비상한 지혜가 있다 하도다 _ 다니엘 5:14

다니엘의 지혜는 어디서 생겼겠는가?

내게 가르치며 내게 말하여 이르되 다니엘아 내가 이제 네게 지혜와 총명을 주려고 왔느니라 _ 다니엘 9:22

바로 하나님께로부터 왔다. 힘든 세월을 하나님만 바라보며 살아온 다니엘에게 하나님께서 선물로 주신 것이다. 나라가 망하여 패전국의 국민이었던 다니엘, 그는 원망이 많아지고 우울해지고 탄식이 늘어갈 즈음에 오히려 지혜로운 사람이 되었다.

그 힘듦 속에서 삶의 지혜와 처세술과 능력을 배웠다. 바벨론에서 포로 생활을 하다가 왕궁 학교의 학생이 되었다. 바벨론이 멸망하고 메대 나라가 세워졌을 때도 총리가 되었다. 메대 나라도 무너지고 바사 나라가 다시 주인이 되었을 때도 그 나라에서 총리를 하게 된다.

얼마나 지혜로웠으면 단순히 왕이 바뀐 것도 아니고 나라가 바뀌었는데 계속 국무총리의 자리에 있을 수 있었겠으며, 원로가 되었는데도 왕들이 와서 지혜를 구했을까?

그는 힘든 세월을 하나님께 기도하며 살던 사람이었다. 그 세월 동안 하나님께 예배를 드리며 살던 사람이었다. 그랬더니 하나님께서 지혜를 주신 것이다.

당신의 영성 면역력을 점검하라

같은 6·25전쟁을 지나면서도 어떤 사람은 더 지혜로워지고 부유해진 반면, 어떤 사람은 원망 속에서 술과 담배로 자신과 가족을 무너뜨리기도 했다. 똑같은 실직과 부도 속에서 하나님을 의지하며 고난 속에서 주시는 지혜와 혜안을 가지게 된 사람들이 있는가 하면, 어떤 이들은 늘 그 모양 그대로 살아간다.

고난이 없는 사람은 없다. 그 고난을 오늘 내가 어떻게 재해석하고 지혜의 우물로 만들어 내느냐 하는 게 중요한 것이지, 고난을 회피해서 될 일이 아님을 기억해야 한다.

큰 부자는 불황 속에서 나오고, 참 지혜는 힘든 삶 속에서 나온다. 그 빽빽한 콩나물시루 속에서도 누워서 자라는 놈이 있다. 하나님께서 우리들에게 고난을 주실 때는 유익도 함께 주심을 믿어라.

욥기는 성경에서 지혜서로 분류되는 말씀이다. 지혜를 주시는 책, 욥기는 고난 중에서 살아온 욥이란 인물을 통해 우리들에게 지혜를 준다.

시편의 대부분을 썼던 다윗 역시 고난의 사람이었다. 그는 도망자가 되어 살았고, 오해와 누명 속에서 살았다. 언제 내 목에 원수의 칼날이 박힐지 모르고, 언제 내 등에 원수의 화살이나 비수가 꽂힐지 모르는 힘든 인생을 살던 사람이었다.

그렇지만 그 힘듦 속에서 그들은 삶의 지혜를 얻었다. 어디로 가야 살수 있는지, 어느 쪽이 하나님께서 원하시는 길인지를 구분하게 되었다. 그리고 그렇게 하나님 편에 섰던 그들은 행복한 승리자들이 되었다.

고난이 없었다면 그들의 지혜도 없다. 아군과 적군을 구별하는 지혜도이 고난 가운데서 생겨난다. 인간의 한계와 하나님의 전능하심을 보게 되는 지혜도 고난 가운데서 생겨난다.

　오늘 성경은 우리들에게 말하고 있다. 고난 당하는 것이 내게 유익이라고! 오늘 내가 이 고난 가운데 있다면 그 고난의 시기를 지혜를 얻는 수련 기간으로 삼기를 바란다. 이 고난의 시기를 하나님과 친해지고 하나님의 능력과 사랑을 경험하는 기도의 기간, 예배의 기간으로 삼기를 바란다.

　그리하여 다니엘처럼, 아브라함처럼 고난의 때에 영양분을 잘 공급받아서 에셀 나무도 심고, 세상 속에서도 다니엘처럼 높아지는 위대한 신앙인들이 되길 간절히 기도한다.

영양소
다섯

기다림

¹ 내가 여호와를 기다리고 기다렸더니 귀를 기울이사 나의 부르짖음을 들으셨도다 ² 나를 기가 막힐 웅덩이와 수렁에서 끌어올리시고 내 발을 반석 위에 두사 내 걸음을 견고하게 하셨도다 ³ 새 노래 곧 우리 하나님께 올릴 찬송을 내 입에 두셨으니 많은 사람이 보고 두려워하여 여호와를 의지하리로다

시편 40:1~3

다윗 왕에게는 여러 명의 아내들이 있었는데, 어떤 이들은 상당한 재력과 권력을 갖고 있었다. 그중 한 사람이 '마아가'이다. 마아가의 아버지는 그술 왕인 '달매'이다. 하나님께서는 여호수아와 이스라엘 백성들에게 "너희가 약속의 땅 가나안에 들어가거든 그곳에 있는 사람들을 다 쫓아내야 한다"라고 말씀하신 적이 있다. 그런데 그때 불순종하며 쫓아내지 않은 부족 중 하나가 그술 족속이다. 그들은 갈릴리 호수 동쪽, 요단 강 동편에서 살던 규모가 꽤 있는 부족으로 남아 있었다.

무슨 이유에서인지 그들은 가나안 정복 전쟁 과정에서 살아남아 계속해서 이스라엘의 부담으로 남아 있었다. 이스라엘과 하나가 되지도 않았고, 적극적으로 협조하지도 않았다. 그렇다고 적대적인 관계도 아니었다. 다윗이 왕이 되었을 때도 그술 족속은 적극적인 동조자도 적대자도 아닌, 그저 부담스러운 부족이었다.

그래서 다윗은 그들과의 화친을 위해 그술 왕 달매의 딸 마아가를 아내로 삼았던 것이다. 이제 장인과 사위의 관계가 된 다윗과 달매는 어느 정도 친밀감을 갖고 있었고, 그의 딸 마아가와 다윗 사이에는 압살롬이란 아들도 있었다.

세월이 흐르면서 다윗은 많은 아들 중에서 압살롬을 특별히 대할 만큼 그는 잘 자랐고 인기도 상당했다. 압살롬은 다윗의 아들들 중에서 백성들에게 가장 신망 받던 사람이 되었다. 그는 순수 유대인의 혈통을 가진 자는 아니었지만 빼어난 외모와 화술, 지혜와 실력, 폭넓은 인맥을 이용해서 차기 대권주자로 손꼽힐 만한 인물이 되었다.

어느 정도의 시간이 흐른 후, 압살롬은 비수를 꺼내든다. 외할아버지 달매의 후원과 어머니 마아가의 지지를 받으며 그동안 쌓아 놓았던 인맥과 군사력을 동원해 아버지 다윗을 비난하며 공격하기 시작한 것이다.

아무것도 모르고 있던 다윗은 황당한 보고를 받게 된다. 압살롬이 쿠데타를 모의하고 있으며, 이미 많은 사람들이 그에게 넘어갔다는 보고였다. 그래도 다윗은 아들을 믿었다. 제일 사랑하고 아끼던 아들이었기에 전혀 의심하지 않았다.

그러던 어느 날, 압살롬은 큰 군대를 일으켜서 아버지 다윗을 향해 전쟁

당신의 영성 면역력을 점검하라

을 선포하고 쳐들어오게 된다. 다윗은 믿는 도끼에 발등을 찍힌 사람이 되었고, 믿었던 아들에게 비수를 맞은 꼴이 되었다. 그렇다고 아들과 전쟁을 하고 싶지는 않았다. 그래서 일단 가까운 친위대와 신하들 몇 명만을 데리고 도망치기 시작한다.

다윗의 생각에는 도망을 가면 많은 백성들이 자신의 편을 들어줄 거라 생각했는데, 여론은 그렇지 않았다. 압살롬을 지지하며 다윗을 공개적으로 비난하는 사람이 생기기 시작한 것이다.

이 같은 힘든 상황 속에서 다윗은 스스로를 돌아보게 된다.

'아, 내가 그렇게 좋은 사람만은 아니었구나. 나 때문에 힘들어하는 사람들이 많았고, 그들이 이제 나의 대적이 되었구나.'

다윗은 자신이 저지른 수많은 죄가 생각나면서 슬퍼졌다. 아들을 너무 믿었던 자신도 한심스러웠다. 이때 다윗은 이런 고백을 한다.

[12] 수많은 재앙이 나를 둘러싸고 나의 죄악이 나를 덮치므로 우러러 볼 수도 없으며 죄가 나의 머리털보다 많으므로 내가 낙심하였음이니이다 [13] 여호와여 은총을 베푸사 나를 구원하소서 여호와여 속히 나를 도우소서 [14] 내 생명을 찾아 멸하려 하는 자는 다 수치와 낭패를 당하게 하시며 나의 해를 기뻐하는 자는 다 물러가 욕을 당하게 하소서 [15] 나를 향하여 하하 하하 하며 조소하는 자들이 자기 수치로 말미암아 놀라게 하소서 [16] 주를 찾는 자는 다 주 안에서 즐거워하고 기뻐하게 하시며 주의 구원을 사랑하는 자는 항상 말하기를 여호와는 위대하시다 하게 하소서 [17] 나는 가난하고 궁핍하오나 주께서는 나를 생각

하시오니 주는 나의 도움이시요 나를 건지시는 이시라 나의 하나님이
여 지체하지 마소서 _ 시편 40:12~17

다윗의 고백과 탄식을 정리하면 다음과 같다.

– 수많은 재앙이 나를 둘러싸고 있어서 상황이 절망적이다.
– 죄책감이 커지고 죗값을 받는 것 같아 후회스럽고 낙심된다.
– 내 생명을 찾아 멸하려는 자가 가까이 있다.
– 내가 망하고 어려워지는 것을 좋아하는 자들이 있다.
– 내가 어려워지고 도망자가 되니까 조롱하는 자들이 있다.
– 나는 돈도 떨어지고 많이 힘든 상태다.

이런 상황에서 다윗이 의지할 곳이라고는 하나님 한 분뿐이었다.
이러한 경험을 해본 적이 있는가? 잘 살았는데 건강에 문제가 생겨 갑자
기 병원에 입원해야 할 때, 원치 않은 사고로 갑자기 경제적으로 어려워졌
을 때, 자녀나 배우자 혹은 부모 형제에게 문제가 생겨 부끄러운 순간들을
경험해야 했을 때, 믿고 의지했던 것들이 하루아침에 사라져버리고 예기
치 못한 사고나 사기로 인해 주저앉게 되었을 때 말이다.
다윗은 이러한 모든 상황을 이렇게 표현한다.

나를 기가 막힐 웅덩이와 수렁에서 끌어올리시고 내 발을 반석 위에
두사 내 걸음을 견고하게 하셨도다

여기서 '기가 막힐 웅덩이'란 표현은 아주 시적인 표현이다. 구약성경은 히브리어로 쓰였는데 그 말의 뜻이 다양하다. '기가 막힌'에 해당하는 히브리어 '쇠온'은 '황폐한', '끔찍한', '소름끼치는'이란 뜻이다.

또 '웅덩이'를 뜻하는 '뽀르'와 '수렁'을 뜻하는 '텃트'란 말은 '습지', '늪지대', '진창'이라는 뜻을 갖고 있는데, 특히 '인력으로는 도저히 빠져나올 수 없는 절망적인 수난의 상태'를 표현하는 단어들이다. 즉, '기가 막힐 웅덩이'는 '나의 힘이나 다른 사람들의 도움으로도 도저히 빠져나올 수 없는 소름끼치는 늪지대'인 것이다.

이렇게 내 능력의 한계를 통감하게 되는 날, 나를 도와줄 사람도 방법도 없는 절망 속에 있을 때, 당신은 어떻게 하는가?

원망, 탄식, 분노, 두려움, 걱정, 자기변명을 하지는 않는지 생각해보라.

다윗은 이 순간에 믿음을 사용했다. 그는 자신이 아무것도 할 수 없음을 알았기에 하나님의 임재와 하나님의 도우심을 믿음으로 기대하며 기도하고 기다렸다. 여기에 신앙인의 길, 다윗의 위대함이 있다.

그는 서두르지 않았다. 초조해하거나 불안해하지도 않았다. 허우적대며 원망이나 한탄 혹은 자기변명에 시간을 허비하지도 않고 간단하게 딱 포기했다. 내 힘으로는 할 수 없다는 결론을 낸 그는 하나님께만 모든 시선을 고정시킨다. 그리고 이렇게 고백한다.

내가 여호와를 기다리고 기다렸더니 귀를 기울이사 나의 부르짖음을 들으셨도다 여기서 '기다린다'는 말의 뜻은 음식을 주문해 놓고 기다리거나 서류를 접수하고 해결되길 기다린다는 그런 의미가 아니다. 내 의지, 내 생각, 아무것도 없는 상태에서 그저 하나님의 뜻과 방법대로 내 삶의 문제가 해결되기를 바란다는 의미의 기다림이다.

하나님께서 도와주시면 살고, 그렇지 않으면 죽겠다는 결심의 상태다. 하나님을 무한 신뢰하며 그 하나님에 대한 기대가 생생하기에 그분의 도우심이 반드시 있을 거란 믿음으로, 혼자만의 힘으로는 빠져나올 수 없는 한숨 나오는 구렁텅이에서 오직 하나님께서 내려주실 동아줄을 기대하며 기다린다는 표현이다.

결국 그는 자신의 모든 생각을 비우고 온전히 하나님의 뜻이 자신을 통해 이뤄지기를 기다리고 기대했다. 그랬더니 하나님께서는 드디어 귀를 기울여주셨다. 간절한 부르짖음의 내용을 자세히 알고 싶으신 하나님은 몸을 기울여 다윗 쪽으로 향하셨고, 더 잘 이해하시기 위해 다윗에게 가까이 다가오셨다. 그러자 다윗은 감격하기 시작했다.

"내가 기다리고 기다렸더니 귀를 기울이사 나의 부르짖음을 들으셨구나!"

마침내 하나님의 도우심의 손길이 임하기 시작했다. 다윗의 편에 서서 압살롬과 대적하여 싸우겠다는 동지들이 생기기 시작한 것이다. 군사들이 백 명, 이백 명씩 모여들었다.

사람의 마음을 만드신 하나님께서 사람들의 마음을 다윗의 편으로 모으기 시작하셨다. 이렇게 전세가 역전되고 승리의 순간이 다가왔을 때, 그는 흥분하거나 교만해지지 않으려고 자신의 마음을 하나님 앞에 세우며 다시

당신의 영성 면역력을 점검하라

기도를 이어갔다.

> 새 노래 곧 우리 하나님께 올릴 찬송을 내 입에 두셨으니 많은 사람이
> 보고 두려워하여 여호와를 의지하리로다

"제가 새 노래로 하나님께 찬송을 드리고 싶어요."

그동안도 많은 찬양을 드렸지만 이러한 내 상황에 함께하신 하나님을 생각하며 새 노래를 지어서 하나님께 드리고 싶다는 고백이다.

또한 그는 자신의 삶을 보고 많은 사람들이 하나님 앞으로 나아오기를 기도했다. 그 힘든 가운데서도 포기하지 않고 하나님만을 의지하며 나아갈 때 임하시는 하나님의 이야기, 나와 함께하신 하나님의 이야기가 간증이 되고 사람들의 삶에 도전이 되기를 기도했다.

다윗은 자기가 힘든 세월을 보낸 것이 저주나 심판이 아니라 오히려 그 과정과 고난을 이겨낸 후에 영광 받으실 하나님의 계획임을 알고 그분을 찬양했다.

이처럼 어려움 중에 기다리며 기도했던 다윗에게는 건짐을 받는 과정에서 많은 간증거리들이 생겨났다. 하나님을 체험하게 되었고, 영적인 체험이 생겨났다. 하나님을 매우 가깝게 경험하게 된 다윗은 또 고백한다.

> [4] 여호와를 의지하고 교만한 자와 거짓에 치우치는 자를 돌아보지 아니하는 자는 복이 있도다 [5] 여호와 나의 하나님이여 주께서 행하신 기적이 많고 우리를 향하신 주의 생각도 많아 누구도 주와 견줄 수가 없

나이다 내가 널리 알려 말하고자 하나 너무 많아 그 수를 셀 수도 없 나이다 _ 시편 40:4~5

"나는 이제 교만한 자들과 거짓말을 하는 자들과 함께 어울리지 않겠습 니다."

가까이 지내는 친구들을 바꿀 것이며, 하나님과 친한 사람들과 어울리 겠다는 결심을 하는 것이다.

다윗의 고백을 읽다 보면 한 가지 단어가 마음속 깊이 남게 된다. '기다 림.' 바로 다윗의 승리의 비결이다. 다윗이 그 기가 막힌 웅덩이와 깊은 수 렁에서 빠져나올 수 있었던 비결 중에 하나가 바로 기다림이었다.

그는 믿음으로 확신을 갖고 포기하지 않고 기다렸다. 살아 계신 하나님 이 나를 사랑하시고 나를 인도하실 것이 확실하기에 그분께만 모든 것을 걸고 기다렸다.

당신은 다윗과 같이 기다려 본 적이 있는가?

하나님마저 외면하시면 어디에도 갈 곳이 없는 절박함으로 기가 막힌 웅덩이와 깊은 수렁에서 오직 하나님만 바라보며 기도하고 기대하며 기다 린 적이 있는가?

삶의 어려움 가운데 있을 때, 삶이 지치고 배고파서 힘듦과 두려움 가운 데 있을 때, 세상 사람들을 찾아다니는 것이 아니라 다윗과 같이 오직 하나 님만 바라고 기다리는 모습이 당신의 삶 속에서도 발견되기를 바란다.

하나님께서는 우리들을 사랑하셔서 풍성한 영성생활을 위한 많은 영양 소들을 주셨는데, 그중 하나가 '기다림'이다.

당신의 영성 면역력을 점검하라

믿음으로 기다리는 것! 더 좋은 것들을 기대하며, 지금 내가 생각하는 것보다 더 좋은 것들로 채우실 하나님을 기대하며 믿음으로 확신을 갖고 기다리는 것! 그 기다림은 낙망이 아니라 소망이고 위로이며, 견딜 수 있는 힘을 준다.

소년 다윗은 골리앗과의 전쟁에서 승리한 후 일약 스타가 되었다. 따르는 사람도 늘어났지만 견제하는 사람들도 생겼다. 자리는 한 개인데 그 자리에 앉으려는 사람들이 많다 보니 자꾸만 모함하는 사람들이 생기고 다윗을 끌어내리려는 사람들이 늘어났다.

따르려는 자와 끌어내리려는 자들 사이에서 다윗은 고민하기 시작한다. 당신이라면 어떻게 하겠는가? 이미 여론은 다윗의 편으로 기울었다. 사울 왕의 인기는 점점 떨어지고 있고, 그를 옹호하는 세력들의 힘도 약해지고 있었다.

사울의 집과 다윗의 집 사이에 전쟁이 오래매 다윗은 점점 강하여 가고 사울의 집은 점점 약하여 가니라 _ 사무엘하 3:1

다윗은 점점 강성해지고, 사울 왕은 점점 쇠퇴해져 갔다. 이제 때가 된 듯했다. 사람들을 모아서 진격하면 사울 왕을 제거할 수 있었다. 사울 왕을 따르고 다윗을 모함하며 싫어하는 사람들을 단번에 물리칠 수 있었다. 나라가 태평성대를 이룰 수도 있는 기회였다. 그런데도 다윗은 그 일을 실행하지 않고 기다린다.

하나님께서 사무엘 선지자를 통해 이미 다윗의 머리에 기름을 부으셔서 왕으로 삼으셨기에, 지금은 아니지만 언젠가는 그분께서 왕으로 삼으실 날이 올 거란 믿음으로 무리수를 두지 않고 그냥 기다렸다.

여기에 믿는 사람들의 지혜가 있다. 때를 분별하는 능력!

나아갈 때와 기다려야 할 때를 구별하게 해달라고 기도하자! 지혜를 달라고 기도하자!

다윗은 때를 구별하는 지혜가 있었다. 범사에 가장 적절한 때가 있는데 다윗은 그 때가 아직 아니라고 생각했다. 그에게는 확신이 있었다. 하나님께서 승리케 하실 거란 사실을 단 한 번도 의심한 적이 없었다.

다윗은 사울 왕을 피해 도망 다니던 시절에도, 힘이 없어서 가난하고 빚지고 환난을 당한 사람들과 함께 굴에 숨어 살던 시절에도 소망의 불을 꺼뜨린 적이 없었다. 요즘으로 하면 사업적으로는 부도가 나고, 육신적으로는 사형 선고를 받았다 해도 소망의 불을 끄지 않고 하나님을 무한 신뢰했다는 이야기다.

처음부터 다윗이 이렇게 대단했던 것은 아니었다. 그와 함께하던 사람들의 수준도 그리 높지 않았다. 다윗도 힘든데 그에게 얹혀살려는 자들이 왜 그렇게 많았는지.

¹ 그러므로 다윗이 그 곳을 떠나 아둘람 굴로 도망하매 그의 형제와 아버지의 온 집이 듣고 그리로 내려가서 그에게 이르렀고 ² 환난 당한 모든 자와 빚진 모든 자와 마음이 원통한 자가 다 그에게로 모였고 그는 그들의 우두머리가 되었는데 그와 함께 한 자가 사백 명 가량이었

당신의 영성 면역력을 점검하라

더라 _ 사무엘상 22:1~2

별 볼 일 없을 것 같은 사람들과 함께하면서 그는 무리수를 두지 않고 때를 기다렸다. 절대로 성급하지 않았다.

요즘 나는 취미를 하나 갖게 되었는데, 바로 탁구를 치는 것이다. 그런데 탁구를 치면서 깨달은 게 있다. 탁구를 못 치는 사람들은 공격을 전혀 하지 못하거나 공격의 타이밍을 잡지 못한다는 것이다. 여유 있게 공격하는 것이 아니라 급하다. 공격해서는 안 되는 타이밍에 성급하게 공격하다 보니 아웃이 되고 실점을 한다. 그렇다고 너무 공격을 안 하고 수비만 하면서 상대방의 실책을 바라는 사람도 실력이 늘지 않는다.

고수와 하수의 차이는 바로 공격의 타이밍이다. 고수는 공격할 때 절대 급하지 않고 여유롭다. 그 0.05초의 차이가 성공과 실패를 가름한다. 때를 분별하며 천천히 수비하면서 기다리다가 때가 오면 여유 있게 공격하는 것, 그게 바로 고수다.

공격의 타이밍을 잘 알았던 다윗은 힘든 세월을 사는 동안 원망, 탄식, 억울함, 두려움을 드러내지 않았다. 그는 오히려 승리를 확신하며 노래했다. 힘들지만 믿음으로, 소망으로 찬양을 드렸다. 도망 다니며 살 때 지은 시편 57편에서 그는 이렇게 노래한다.

[1] 하나님이여 내게 은혜를 베푸소서 내게 은혜를 베푸소서 내 영혼이 주께로 피하되 주의 날개 그늘 아래에서 이 재앙들이 지나기까지 피하리이다 [2] 내가 지존하신 하나님께 부르짖음이여 곧 나를 위하여 모

든 것을 이루시는 하나님께로다 ³ 그가 하늘에서 보내사 나를 삼키려
는 자의 비방에서 나를 구원하실지라 (셀라) 하나님이 그의 인자와 진
리를 보내시리로다 ⁴ 내 영혼이 사자들 가운데에서 살며 내가 불사르
는 자들 중에 누웠으니 곧 사람의 아들들 중에라 그들의 이는 창과 화
살이요 그들의 혀는 날카로운 칼 같도다 _ 시편 57:1~4

힘들다는 것이다. 다윗은 사자들의 날카로운 이빨 가운데 사는 것 같고,
불을 질러 놓고 죽이려는 자들 가운데 사는 것 같고, 창과 화살을 겨누며
비난하는 이들 속에 있다고 고백한다.

그럼에도 그는 재앙 속에서 믿음을 가지고 기다리고 있다. 오직 주의 날
개 그늘 아래에서 재앙이 지나갈 때까지 피하겠다고 노래한다. 그는 시 거
의 끝에 이런 고백을 한다.

내 영광아 깰지어다 비파야, 수금아, 깰지어다 내가 새벽을 깨우리로다
_ 시편 57:8

지금은 아니지만, 하나님을 신뢰하며 기다리고 또 기다리다가 실력을
쌓고 마침내 어둠이 지나도록 잠든 새벽을 깨우겠다는 것이다. 참 대단한
사람이지 않은가.

그렇게 지내다가 사람들이 계속 모이게 되자 다윗은 유다 족속 전체를
다스리는 영주가 되었다. 부족장 정도 된 것이다. 사실 이때만 해도 사울
왕과 한판 붙어볼 만한 실력은 되었다.

당신의 영성 면역력을 점검하라

그렇지만 그는 하나님의 때를 기다리고 또 기다린다. 수모를 당하고, 억울한 일을 겪고, 배고파하면서도 기다리고 또 기다린다. 하나님의 결제가 떨어질 때까지 움직이지 않았다. 그 세월이 무려 7년 6개월이었다.

다윗이 헤브론에서 유다 족속의 왕이 된 날 수는 칠 년 육 개월이더라
_ 사무엘하 2:11

그렇게 오랜 기다림 가운데 있던 다윗을 하나님께서는 유심히 보셨다. 그러고는 때를 분별할 수 있는 지혜를 주시고 징조를 보여주셨다.

사울 왕과 그의 아들 요나단의 죽음, 사울 왕을 따르던 사람들의 내분을 목격하게 된 것이다. 바로 지금이 기회이다 싶어 군사를 몰아 내달릴 수도 있었지만 다윗은 그때도 기다린다. 사람들의 생각에는 공격의 가장 적기인 것 같았지만 아직 하나님의 때는 아니었기 때문이다.

그렇게 기다리고 기다렸더니 사울 왕의 편에 있던 사람들 중에서 이탈자들이 생겨났고, 다윗 쪽으로 오는 이들이 점점 늘어나게 되었다. 이제는 싸우지 않아도 이길 만큼 강성해진 것이다.

드디어 사울 왕을 따르던 사람들 대부분이 백기를 들고 항복하러 다윗을 찾아오게 된다. 결국 다윗은 그렇게 오래 기다리고 실력을 쌓아가던 때가 지난 후, 유다 족속을 비롯한 12지파를 모두 아우르는 통일 이스라엘의 왕이 되었다.

다윗의 이야기를 묵상해보면 내가 가장 적절한 시기라고 생각하는 것보다 더 우선되어야 하는 것이 하나님의 때임을 깨닫게 된다.

성경에는 기다린 사람들의 행복과 기다리지 못하고 성급했던 사람들의 불행에 대한 간증들이 넘쳐나는데, 불행해진 사람들 중 한 사람이 사울 왕이다. 사울은 왕이 된 후 블레셋 사람들과 전쟁을 하게 되었다. 아군의 수를 세어 보니 3천 명가량이고 적군은 병거가 3만, 마병이 6천이었고 보병의 수는 셀 수 없이 많았다. 게임이 되지 않는 전쟁이었던 것이다. 규모에 밀리게 되자 그나마 모인 백성들이 겁을 먹고 흩어지기 시작했다. 굴속으로 숨고 수풀과 바위 밑과 은밀한 곳, 웅덩이에도 숨기 시작했다.

그러자 다급해진 사울 왕은 예배를 드리고 싶었다. 어차피 전쟁은 하나님께 속한 것이니 그분이 임재하시면 이길 것 같았다. 그래서 사무엘 선지자를 급히 불렀는데, 그의 도착이 좀 늦어지게 되었다.

흩어지는 백성들을 보면서 더욱 다급해진 사울 왕은 자격도 없으면서 스스로 예배를 준비하고 인도하게 된다. 급하게 예배를 마치고 마침내 사무엘 선지자가 도착했을 때, 사무엘 선지자는 그를 나무라기 시작했다.

사무엘이 사울에게 이르되 왕이 망령되이 행하였도다 왕이 왕의 하나님 여호와께서 왕에게 내리신 명령을 지키지 아니하였도다 그리하였더라면 여호와께서 이스라엘 위에 왕의 나라를 영원히 세우셨을 것이어늘 _ 사무엘상 13:13

살아가면서 기다린다는 것은 하나님밖에는 해결자가 없다는 고백이다. 나는 할 수가 없다는 것이다. 나는 이길 수 없고 싸울 수 없고 해결 능력이 없으니 하나님께서 오시기만을 기다리는 것이다.

당신의 영성 면역력을 점검하라

성경이 말하는 기다림은 맹목적이거나 막연한 기다림이 아니다. '어떤 일이 이루어질 것에 대한 확고한 신념을 가지고 참을성 있게 기다린다'라는 뜻이다.

천국의 삶도 마찬가지다. 확신을 갖고 참을성 있게 기다리는 자에게 천국의 문이 열릴 것이다.

믿음의 기다림은 정직, 공의, 성실의 삶을 동반한다. 이러한 기다림 자체가 우리에게 큰 영양소가 됨을 경험하라. 하나님을 신뢰하며 기다림의 영양소를 섭취하면 때가 다가온다.

하나님밖에는 도울 자가 없기에 오직 하나님만을 기다린 사람들에게 그분의 전능하신 도우심의 손길이 임하게 됨을 믿고, 때를 기다릴 줄 아는 지혜로운 믿음의 사람들이 되길 바란다.

긴장감

3 여호와께서 너를 실족하지 아니하게 하시며 너를 지키시는 이가 졸지 아니하시리

로다 4 이스라엘을 지키시는 이는 졸지도 아니하시고 주무시지도 아니하시리로다

시편 121:3~4

1953년 7월 27일은 한국전쟁, 소위 6.25전쟁을 끝내고 잠시 휴전하자는 정전협정이 맺어진 날이다. 당시 정전협정이 맺어지면서 위도상 북위 38도 부근을 중심으로 남과 북으로 나뉘게 되었다. 그렇다고 꼭 북위 38도선은 아니고, 38도선을 중심으로 서쪽 경계는 임진강을 따라서 남하하였고 동쪽 경계가 산능선을 따라 북상하였다. 이에 따라 38선 서남쪽의 황해도 옹진군·연백군과 경기도 개성시·개풍군은 조선민주주의인민공화국에 속하게 되었고, 38선 동북쪽의 경기도 연천군과 강원도 철원군·화천군·양구

군·인제군·양양군·고성군은 대한민국에 속하게 되었다.

남과 북은 임진강에서 동해안까지 총 1,292개의 말뚝을 박고, 이 말뚝을 이은 약 240㎞의 가상의 선을 군사분계선으로 설정한 뒤 서로 먼저 공격하지 않기로 약속했다. 이 기준선을 중심으로 북쪽으로 2㎞, 남쪽으로 2㎞를 각각 물러가서 그곳에 철책을 치고, 이 폭 4㎞와 길이 240㎞에 해당하는 지역에는 어떤 군사적 시설도 설치하지 않기로 쌍방 간에 합의하였다. 이렇게 해서 생겨난 곳이 소위 비무장지대(DMZ)이다.

비무장지대를 가본 적이 있는가? 냉전의 시대! 전쟁으로 인한 상처와 한숨, 복수심과 적개심이 불타오르던 시절, 이곳은 언제 전쟁이 일어날지 모르는 긴장의 지대였다. 1963년경부터 이곳에 군사들이 들어가기 시작했고, 서로를 경계하면서 감시초소를 경쟁적으로 세우기 시작했다. 군사분계선 안쪽인 비무장지대에 들어선 감시초소들을 GP(Guard Post)라고 부른다.

내가 강원도 화천에서 군 생활을 하던 때 전방에는 GOP(general outpost)와 GP가 있었다. 일반 주민들이 사는 곳에서 전방으로 들어가면 민간인 통제지역(민통선)을 지나는데 GOP에서 후방으로 5~10㎞ 정도에 지정되어 있는 이곳에서는 군인들만 거주한다. 그곳에 땅을 가지고 농사짓는 분들이 있을 경우는 민통선을 지키는 군사들에게 신분을 확인받고 그곳에 출입해야 했다.

지금도 전방에 있는 지역에는 늘 이 민통선이 있고 이곳을 지나려면 신분증 검사를 한다. 만약에 북한에서 누군가 남한으로 넘어오려고 하면 38선을 중심으로 한 비무장지대를 양쪽으로 2㎞씩 4㎞를 통과해야 하는데, 이때 노루와 고라니, 토끼와 뱀들을 자주 볼 수 있다.

당신의 영성 면역력을 점검하라

또 철책 맨 위쪽에는 둥근 철조망이 놓여 있어서 그 누구도 넘어올 수 없게 되어 있다. 철책 중간 중간에 돌이 끼워져 있어서 누군가 넘어오려고 철조망에 손을 대면 돌이 떨어져 소리가 나게 되어 있고, 철책 앞쪽으로는 간혹 폭탄도 설치되어 있다.

설사 그 철책을 넘었다고 해도 그 바로 앞에 군부대의 막사가 있고 군인들이 있기 때문에 남쪽으로 오는 것도, 북쪽으로 가는 것도 거의 불가능하다. 이렇듯 24시간 365일 늘 긴장감이 맴도는 곳이 바로 이곳 민통선, GOP, GP다.

군 생활을 하던 어느 날 새벽, 20여 명이 자고 있던 내무반에 최루탄이 터졌다. 깜짝 놀란 우리들은 이리 뛰고 저리 뛰며 난리가 났었는데, 알고 보니 연대장님이 언제 전쟁이 일어날지도 모르고 또 인민군이 쳐들어와서 폭탄을 터뜨리게 되면 어떻게 대응해야 할지 훈련하기 위해 하신 일이었다. 그래서 그 후로 매주 토요일에는 방독면을 착용하고 잠자리에 드는 훈련을 했던 기억이 있다.

이렇게 군 생활 내내 늘 긴장하고 또 긴장하며 돌 떨어지는 소리에도 예민하게 귀 기울이며 살았다. 언제 적군이 쳐들어올지 모른다는 긴장감이 있었고, 이는 강한 군대를 만들었다.

그런데 언제부터인가 이 긴장감이 거의 제로 상태에 이르렀다. 이제 전쟁은 일어나지 않는다는 암시적 생각이 국민들을 지배하게 되었고, 군인들에게는 과거의 군인 정신을 강조할 수 없게 되었다. 군기라는 말도 의미가 없어졌고, 전투라거나 돌격이라거나 훈련이라는 말이 무색한 지경에 이르렀다. 명령과 복종이 없어지면서 긴장감은 더 떨어졌다. 언제부터인가 전방도 군대도 진정한 전방, 군대가 아니게 되었고 나라도 회사도 가정도 교회도 긴장감이라고는 찾아볼 수 없는 평안만을 추구하는 공동체들로 바뀌어 가게 된 것이다.

평화와 평안이 계속 이어질 수만 있다면 얼마나 좋겠는가. 하지만 이 세상은 아군만 존재하지 않고 반드시 적군도 존재한다. 내 편만 있는 게 아니고 나를 반대하는 사람들도 많다. 천사만 있는 게 아니고 마귀도 있다. 성령님만 계신 게 아니고 악한 영도 있는 것이다. 그래서 어느 정도는 긴장하며 살아야 함에도 우리는 나도 모르는 새 무장을 해제하고 긴장감 없이 살아가고 있다.

조선인민군 병사의 노크 귀순 사건을 기억하는가! 2012년 10월 2일 조선민주주의인민공화국 병사가 그 위험하다는 군사 분계선을 넘었다. 그러고는 다시 북쪽에서 철책을 넘어 2㎞를 걸어왔고, 남쪽 지역 2㎞를 또 걸어왔다. 그동안 그곳을 순찰하고 있어야 했던 우리나라 군인들, 특히 비무장지대 수색대가 임무에 충실하지 못하고 있었다. 긴장감이 떨어진 전방 수색대는 물론, GP에서 근무하던 그 어떤 군인도 이 북한 병사를 발견하지 못한 것이다. 귀순 병사가 건드리면 소리가 나는 철책을 넘어올 때까지 그 누구도 북한 병사를 발견하지 못했다.

그렇다면 수시로 그곳을 수색하며 감시 카메라를 확인했어야 할 군인들은 대체 무엇을 하고 있었을까? 이 북한군 병사는 아무런 방해나 제지 없이 GOP를 지키는 군인들의 막사에 들어왔다. 다행히 총과 같은 무기를 가지고 공격하지는 않고 귀순 의사를 밝혔다. 사람들은 이 사건을 '노크 귀순'이라고 불렀다.

　　　　　　　　　　　　　당신의 영성 면역력을 점검하라

이뿐만이 아니다. 2019년 6월 9일, 함경북도 경성군에서 출항한 나무배가 이틀간 조업한 뒤 12일부터 남쪽으로 향해 북방한계선(NNL)을 넘어왔다. 이후 울릉도 인근에서 휴식한 뒤, 다음 날 밤 육지로 3.3㎞까지 접근했지만 암초 때문에 날이 밝고서야 삼척항에 입항했다. 동해 북방한계선에서부터 계산해도 130㎞를 남하해서 삼척항까지 들어온 것이다.

서울에서 대전까지 거리가 142㎞이니까 얼마나 긴 거리를 나무배로 움직였는지 상상해보라! 그런데도 첨단장비를 가지고 바다를 지킨다는 해군이나 해경은 이 나무배가 북한에서 넘어온 것인지 알지 못했다. 배가 발견된 적도 있었지만 별것 아니겠지 하고 그냥 지나쳐버렸다. 결국 이들은 삼척항 방파제까지 들어왔고 아무도 단속하지 않자 직접 우리 주민에게 다가가 전화를 빌려 자수한 것으로 알려졌다.

이런 일이 왜 일어나는 것일까? 물론 우리는 전쟁이 사라진 시대에 살고 있다. 그렇지만 여전히 군대는 존재한다. 군대가 없다면 평화가 있을까? 경찰이 없다면 안전이 있을까? 누군가는 긴장하며 살아갈 때, 다른 많은 사람들이 평화와 안전을 유지하고 살아온 것이 역사의 법칙이다.

그런데 언제부터인가 군대와 경찰과 공무원은 물론 가정, 회사, 교회, 학교 등 모든 공동체에 긴장감이 사라지고 있다. 늘 평화롭고 안전할 수 있다면 무슨 걱정이 있겠냐마는, 대형 사건이 끊이지 않고 자그마한 사고들이 계속 일어나는 데에는 이유가 있다. 늘 긴장하며 사는 것도 문제이겠지만 조금의 긴장감마저 없어지는 것도 큰 문제임을 알아야 한다.

가만히 생각해보면 내 인생에도 긴장감이 계속 있었다. 조마조마하고 아슬아슬한, 놓지 못하고 바둥거리며 살아야 하는 인생길이었다. 주일이 지나면 월요일, 화요일, 수요일 새벽기도를 준비하고, 수요예배와 목요일 새벽기도, 금요일 새벽기도, 금요 심야기도회를 준비했다. 중간 중간에 속회와 심방예배를 드리고, 토요일에 있을 청년들 성경공부도 준비했다.

하루도 긴장하지 않은 날이 없었다. 어떤 모임에 가서도 금방 돌아와야 했다. 교인들도 신경 써야 했고, 기도도 해야 했고, 잡다한 행정 일까지 홀로 하며 늘 긴장 속에 살아왔다.

이렇게 하루도 펑크 내면 안 된다는 생각으로 긴장하며 살다 보니 소화기관이 먼저 망가졌다. 위장약을 늘 달고 살아야 했다. 심장과 혈액순환에도 문제가 생겼고, 이명이 시작되어 어지럼증도 생겼다. 도저히 안 되겠어서 쉬려고 하면 교회가 늘 걱정이 되어 쉽지 않았다.

삶이 이러다 보니 어느 순간부터 모든 것이 싫증나고 지쳐가는 나를 보게 되었다. 몸이 자꾸 안 따라주니, 짜증도 났다가 화도 났다가 별것 아닌 일에도 신경이 쓰였다. 그래서 결국 나 자신에게 휴가를 주었다.

그렇다고 긴장감이 다 사라지는 것은 아니었다. 여전히 긴장하고 있었지만 억지로 좀 긴장을 풀고 쉬어 보니 이상하게도 주변 일이 잘 안 돌아갔다. 안 들리던 말이 들리고, 오해가 생기고, 엉뚱한 반응들이 생겨나는 등 돌아가는 모양새가 좋지 않은 것이다.

체력은 안 되고 긴장감은 더 이상 지속시킬 수도 없는데 왜 이런 일이 생기는 걸까? 긴장을 좀 풀고 편하게 살고 싶은데 잘 안 되니 기도밖에 할 게 없었다.

"성령님, 한계를 많이 느낍니다! 도와주세요!"

어느 날, 도움을 요청하며 가만히 기도하는데 세미하게 들리던 성령님

당신의 영성 면역력을 점검하라

의 음성이 있었다. "나도 긴장하며 산단다. 그런데 긴장하는 것이 나쁜 것만은 아니란다. 좋은 것이지."

상상이나 해봤겠는가. 성령님께서 긴장하시고 탄식하시는 모습을.

그동안 난 긴장하는 것이 별로 안 좋아 보였다. 우리 주변에도 '힐링'이란 단어가 자주 들리고, '먹고 노래하고 여행하는 것'에 집중하며 살아가는 사람들이 많다. 육신을 위해서는 긴장을 풀어야 할지 모르지만, 영적인 측면에서 보면 그리 좋은 것만은 아님을 알아야 한다.

세상은 긴장을 풀어놓으라고 가르치지만 성령님께서는 어느 정도의 긴장이 필요하다고 말씀하고 계신다.

성령님께서도 우리들 때문에 긴장하신다는 것을 아는가? 마귀가 우리를 넘어뜨리려 천사의 탈을 쓰고 달려드는 상황에서도 우리들은 안일한데 오히려 성령님께서 긴장하시면서 우리를 지키신다는 것을 아는가? 지금도 말할 수 없는 탄식으로 우리들을 위해서 대신 간구하시는 것을 아는가?

이와 같이 성령도 우리의 연약함을 도우시나니 우리는 마땅히 기도할 바를 알지 못하나 오직 성령이 말할 수 없는 탄식으로 우리를 위하여 친히 간구하시느니라 _로마서 8:26

그래서 나도 생각을 바꾸었다. '성령님께서도 긴장하시는데 왜 내가 긴장하는 것을 거부하고 있었을까! 적당히 긴장하며 살자! 무장 해제하지 말고 긴장하며 살자!'

마귀는 교회와 가정과 공동체를 무너뜨리려고 온갖 술수와 달콤한 말들로 우리를 현혹시킨다. 판단력을 흐리게 하고, 긴장감을 떨어뜨려서 잡아 먹기 딱 좋은 상태로 만들어 놓는 것이다.

이를 잘 알고 계시는 성령님께서는 긴장하시면서 우리를 지켜주신다. 그 덕분에 우리가 잘 사는데, 왜 우리는 긴장하지 않고 내 문제를 남에게 자꾸 떠넘기며 살려고 할까?

당신은 자녀들 교육에 있어서, 경제생활에 있어서, 건강생활이나 직장 생활에 있어서, 신앙생활에 있어서 긴장감을 유지하고 있는가? 생각지도 못한 사고가 생기고 일이 어려워지고 패배하는 데는 그만한 이유가 있다.

시험이나 환난, 고난과 어려운 문제들은 우리를 긴장으로 이끄는 하나 님의 수단이다. 그런데 언제부터인가 우리는 이런 상황 앞에서도 긴장을 놓고 있음을 알게 된다. 내가 안 해도 누군가 하겠지, 부모님이 해주시겠 지, 국가가 나서서 해주겠지 생각하는가. 근거도 없이, 성실함도 없이 무 조건 끝이 좋을 것이란 낭만적인 판단은 하지 말자. 절대로 안 될 일이다. 풀어진 긴장감은 곧 사고로 이어지고, 결국 낭패를 경험하게 된다.

몇 해 전, 미국의 대학 강의실에서 한 교수가 이런 말을 했다. "과다한 복지정책, 보편적 복지정책은 결국 나라의 경제를 빚더미에 놓게 한다. 누 가 일을 하려고 하겠는가?"

그러자 학생들이 반발했다. "그래도 일하는 사람은 있을 것이고 더 많이 벌고 싶은 사람들이 있기에 나라는 계속 부유함을 유지할 겁니다!"

그러자 교수는 학생들과 내기를 했다. "내 강의에 들어온 학생들 중에는 공부를 잘하는 학생도 있고 못하는 학생도 있을 텐데 점수를 똑같이 주겠 다. 시험을 보고 평균 점수를 내서 A학점 맞은 사람도 평균으로 기록하고,

당신의 영성 면역력을 점검하라

F학점 맞은 사람도 평균 점수를 주겠다. 그렇다면 연말에 평균 점수는 몇점이 나올 수 있겠는가? 모두 F학점을 맞게 될 것이다. 아무도 공부하려고 하지 않을 테니까. 열심히 공부를 하던 사람들도 어차피 자기 점수를 남에게 나눠줘야 하는데, 사기가 떨어져서 어디 공부할 맛이 나겠는가?"

그러자 학생들은 오히려 서로 열심히 공부해서 점수가 올라갈 거라 주장했고, 내기는 시작되었다. 첫 시험에서 평균 점수는 B학점이 나왔다. 100점 맞은 사람도, 30점 맞은 사람도 모두 B학점을 받았다.

그러자 묘한 현상이 벌어졌다. 수업시간에 긴장감이 떨어진 것이다. 시험 발표가 나도 공부하려는 사람이 적어졌다. 어차피 누군가는 공부를 할 것이고, 그 덕분에 내 점수는 유지될 거라는 막연한 믿음이 생긴 것이다.

다음 시험의 평균 점수는 C학점이었다. 열심히 공부하던 학생들이 어차피 같은 점수를 받게 되니 더 이상 공부를 하지 않았고, 공부를 안 하던 학생들도 공부를 잘하는 사람들이 점수를 높여 줄 것이니 계속 공부하지 않은 것이 이유였다. 마지막 시험의 평균 점수는 몇 학점이었을까? 교수의 말대로 F학점이었다. 아무도 공부하려고 하지 않았기 때문이다.

학생들은 시험 날짜가 정해지고 발표가 나도 긴장하지 않았다. 어차피 누군가가 해줄 것이라는 막연한 기대 속에 그 누구도 공부하지 않았고, 평균 점수는 F학점으로 모든 학생들이 재수강 신청을 해야 했다.

만약 시험이 없거나 모든 학생들이 이처럼 같은 점수를 받아야 한다면 어떻게 될까? 마찬가지로 모든 사람들이 같은 수준의 경제생활을 해야 한다면 과연 어떻게 될까?

잊히지 않는 예화가 있다. 기독교인들이 점점 선한 영향력을 확장시켜

나갈 때 마귀들이 회의를 시작한다.

"큰일 났어요. 어떻게 기독교인들의 삶을 망가뜨릴 수 있을까요?"

그러자 마귀들은 여러 의견들을 내놓았다. '죽여야 한다', '병들게 해야 한다', '망하게 해야 한다' 등등. 그런데 반대에 부딪혀 어떤 의견도 통과되지 못했다. 혼란스러운 그때, 한 나이 많은 마귀가 일어나서 조용히 말했다.

"내가 이것저것 다 해봤는데 기독교인들은 그렇게 쉽게 무너지지 않습니다. 그러니 이제껏 한 번도 써보지 않은 방법을 사용해봅시다. 제 생각에는 기독교인들이 예수님을 잘 믿도록, 순종하도록, 바른 신앙생활을 하도록 오히려 우리가 도와야 된다고 봅니다. 단, 당장에 그렇게 하지 말고 오늘은 긴장을 풀며 쉬고 내일부터 하라고 독려하는 겁니다."

이 이야기를 들은 마귀들은 전술을 바꾸었다. "다 하게 하되, 내일부터 하게 하자!" 그때부터 미루는 습관이 생겨났다고 한다.

'큐티해야지… 내일부터', '십일조해야지… 내일부터', '바른 신앙생활 해야지… 내일부터', '오늘은 긴장을 좀 풀고 일단 논 다음에 내일부터 하자.'

기도해야 하지만 내일부터, 하나님을 사랑하고 이웃을 사랑하며 살아야 하지만 일단 내 것부터 챙기고, 부지런해야 하지만 오늘은 일단 좀 쉬고 내일부터!

언제부터인가 우리 가운데 '긴장감'이란 단어가 사라지고 있다. 성경에는 '긴장'이란 단어가 한 번도 나오지 않는다. 그렇다고 긴장이 없었던 것은 아니다. '긴장'에 관한 아주 많은 이야기들이 있다.

하나님께서 사용하시던 사람들의 특징 중 하나가 무엇인지 아는가? 바로 긴장을 늦추지 않던 사람들이다. 위기의식 속에서 대적 마귀의 존재를 분명히 알고 죄에 대하여, 유혹에 대하여, 삶에 대하여 긴장을 늦추지 않았던 사람들!

대표적인 사람이 기드온과 300명의 용사이다. 300명의 용사가 살던 시대는 미디안 부족의 학정 속에 살던 때였다. 당시 중동의 패권을 차지한 사람들은 미디안인들이었는데 이들은 아브라함의 후처였던 그두라의 후손들로, 강한 힘을 바탕으로 도적질을 해서 살던 사람들이었다.

그런데 이들이 강대해지면서 작은 족속들을 계속해서 흡수 통합하게 되었다. 이 당시 미디안의 군사력은 아말렉 사람과 동방의 많은 부족들을 통합해서 13만 5천명에 이르고 있었다.

그런데 이들은 이스라엘 백성들을 괴롭혔다. 농사를 지으면 빼앗아가고, 양과 나귀를 강제로 끌어가고, 사람들을 죽이고 많은 것들을 강탈해갔다. 사사기 6장 3절을 보면 이스라엘이 땅에 씨를 뿌리고 난 뒤 미디안, 아말렉, 동방 사람들이 공격을 시작했다고 나와 있다. 4절에는 진을 치고 소산을 짓밟고 식물을 약탈하는가 하면 양, 소, 나귀 등 가축도 모조리 약탈해갔다고 했고, 5절을 보면 그들의 수가 메뚜기 떼와 같았다고 표현한다.

메뚜기는 간혹 수만 마리가 떼를 지어 날아다니곤 한다. 그 나라 메뚜기의 크기는 우리나라 메뚜기의 1.5배 내지 2배가량 되었다. 메뚜기 떼는 푸른빛이 나는 모든 식물을 모조리 갉아 먹고 지나가기 때문에 메뚜기 떼가 지나간 자리는 완전히 폐허만 남게 된다. 쳐들어온 그들을 메뚜기 떼로 비유한 것은 그들이 얼마나 잔혹했고, 그 수가 얼마나 많았는지를 보여주는 좋은 예다.

반면 이스라엘은 미디안과 대적하기에는 너무나 미약했다. 위험은 크고 싸워 이길 힘은 없는, 절대 위기의 때를 맞게 된 것이다. 그러자 견디다 못한 사람들은 하나님께 기도했고, 하나님께서는 기드온을 통해 일을 시작하셨다.

하나님께서 이기게 해주실 거란 확신을 가진 기드온은 일단 군사를 모집하기 시작했다. 죽더라도 미디안과 싸워보고 싶은 사람은 다 모이라고 했더니 32,000명이 모였다. 적군은 135,000명인데 32,000명이 모여 4:1도 안 되는 싸움이었지만 다 모아도 그 정도니 어쩔 수 없이 군사 훈련을 시작했다. 그렇게 한참 훈련을 하고 있는데 하나님께서 말씀하셨다.

"군인들이 너무 많다."

깜짝 놀란 기드온이 적군이 4배 이상 많은데 많긴 뭐가 많으냐고 반문하지만, 하나님께서는 잔소리 말고 잘 설득해서 많은 수의 군인들을 집으로 돌려보내라고 말씀하신다.

너무나 아쉬웠지만 무모하리만큼 순종하며 살았던 기드온 장군은 싸우겠다고 모여 훈련하는 군인들에게 전쟁에 나가면 죽거나 불구자가 될 수도 있고, 패배해서 포로가 될 수도 있으니 조금이라도 겁이 나는 사람은 자기의 고향으로 돌아가라고 말한다. 그러자 기드온의 말을 들은 군인들 중에 무려 22,000명이 고향으로 돌아가게 된다.

풀이 죽은 기드온은 그나마 싸우겠다고 전의를 불태우고 있는 1만 명을 데리고 다시 훈련을 시작했다. 그런데 얼마 지나지 않아 하나님의 음성이 또 들린다.

"기드온아, 아직도 많다. 또 돌려보내라."

그때 하나님께서는 남을 자와 돌려보낼 자를 구분하는 기준을 하나 제시해주신다. 땀 흘려 힘든 훈련을 한 후에 냇가에 군사들을 풀어놓았을 때 무릎을 꿇고 앉아 좌우를 살피며 언제 미디안 군사가 쳐들어올지 경계하며 긴장감을 풀지 않고 물을 마신 사람들만 뽑으라고 하셨다.

그렇게 뽑힌 사람이 바로 300명이었다. 그리고 하나님께서는 긴장을 풀지 않고 몸이 힘들고 목이 마르더라도 경계를 게을리하지 않았던 그 300명을 통해 135,000명의 적군을 물리치셨다.

오늘날 우리가 32,000명의 자원하는 군사들 속에 있다면 당신은 어떤 사람들에게 속해 있겠는가? 자원하여 왔지만 이런저런 생각에 그냥 집으로 돌아간 22,000명의 사람들, 아니면 훈련을 받다가 긴장감을 이기지 못하고 마귀의 존재를 잊고 살다가 집으로 돌아간 9,700명의 사람들, 아니면 끝까지 긴장을 늦추지 않았던 300명인가?

새벽기도를 해도 긴장이 되지 않는다면, 맥추감사주일이나 추수감사주일에도 감사한 마음이 들지 않는다면, 늘 내가 제일 어렵게 사는 것 같고 힘든 것 같다면 영적으로 다시 긴장하고 무장할 필요가 있다. 이미 지고 있는 사람일 수 있기 때문이다.

요즘 세상은 좀 더 편하게, 좀 더 쉽게 살라고 말하지만 성경은 그렇게 가르치지 않는다.

[33] 네가 좀더 자자, 좀더 졸자, 손을 모으고 좀더 누워 있자 하니 [34] 네 빈궁이 강도 같이 오며 네 곤핍이 군사 같이 이르리라 _ 잠언 24:33~34

뻔한 결과를 알면서도 편한 길에만 서야 할까?

어느 날, 예수님께서는 함께 기도하러 가자며 베드로와 두 제자를 부르셨다. 피곤했던 베드로는 이미 긴장감이 떨어져 있었기에 더 자고 싶었다. 그러나 예수님은 그렇지 않으셨다. 오늘 밤에 유다 나라의 병사들이 자신을 잡으려 할 것이고, 제사장의 관저에서 심문을 받아야 함을 알고 계셨기 때문이다.

오늘 밤 내가 갑자기 들이닥친 군사들에게 체포되어 불법 심문을 받고, 고문을 당하고 십자가에 달려 죽어야 한다는 것을 뻔히 알고 있다면 밥이 넘어가고 잠이 올 수 있을까?

예수님이 바로 그런 상태이셨다. 그래서 베드로에게 함께 기도해달라고 했지만 베드로와 제자들은 도대체 긴장감이 없었다. 그들은 그러한 상황을 알고 싶어 하지도 않았다. 오늘날 우리들이 쉽게 인생을 살아가고 싶은 것처럼 제자들도 그러했다. 기도해야 할 때 기도하지 않았고, 야성을 길러야 할 때 기르지 못했으며, 포효하며 나아가야 할 때 주저하고 망설이며 도망치는 자들이 되었다.

그리고 보면 어느 정도의 긴장감은 우리들을 하나님께로 혹은 행복이나 성공으로 이끄는 아주 좋은 영양소가 됨을 알 수 있다.

족구를 하거나 탁구를 칠 때 내기를 하면 긴장감이 올라간다. 구경하는 사람들도, 시합하는 사람들도 재미가 증가된다. 누군가의 표현대로 심장이 쫄깃쫄깃해지는 느낌이랄까. 그래서 긴장감을 많이 느껴보고, 그것을 즐길 줄 아는 사람들이 더 큰 힘을 발휘하게 된다.

'도덕적 해이(moral hazard, 모럴 해저드)'라는 말이 있다. 이는 원래 보험 시장

당신의 영성 면역력을 점검하라

에서 사용하던 용어로, '리스크 관리(risk management)' 분야에서도 사용하게 되었는데 정부가 뒤를 받쳐줄 것이라는 믿음 하에서 혹은 절대 망하지 않을 것이라는 믿음 하에 정당한 리스크를 감수하지 않는 것을 뜻한다. 망해도 다 도와주니까 일단 저지르는 무책임한 자세를 말하는 것이다.

원래 이 말은 미국에서 보험 가입자들의 부도덕한 행위를 가리키는 말로 사용되기 시작했다. 윤리적으로나 법적으로 자신이 해야 할 최선의 의무를 다하지 않은 행위를 나타내는데, 법 또는 제도적 허점을 이용하거나 자기 책임을 소홀히 하는 행동을 포괄하는 용어로 확대되었다.

경제적으로도 '도덕적 해이'가 있다. 이는 정상적인 시장을 해칠 수 있는 경제 주체들이 자신들이 빠져나갈 구멍만 찾고 사회적인 책임을 회피하는 도덕적, 윤리적, 경제적 태도 및 행동 상의 위험을 일으키는 것을 말한다.

무책임한 사람들이 늘어나고 있다. 자기의 말이나 행동에 대해서 책임을 지려고 하지 않는다. 이런 것들도 '도덕적 해이'에 해당된다. 가정에서도, 회사에서도, 교회에서도 긴장감이 사라지면서 찾아온 것이 '도덕적 해이', '경제적 해이', '윤리적 해이', 종교적 해이'이다.

시편 121편은 매우 유명한 시 중에 하나이다.

¹ 내가 산을 향하여 눈을 들리라 나의 도움이 어디서 올까 ² 나의 도움은 천지를 지으신 여호와에게서로다 ³ 여호와께서 너를 실족하지 아니하게 하시며 너를 지키시는 이가 졸지 아니하시리로다 ⁴ 이스라엘을 지키시는 이는 졸지도 아니하시고 주무시지도 아니하시리로다 ⁵ 여호와는 너를 지키시는 이시라 여호와께서 네 오른쪽에서 네 그늘이

되시나니 ⁶ 낮의 해가 너를 상하게 하지 아니하며 밤의 달도 너를 해치지 아니하리로다 ⁷ 여호와께서 너를 지켜 모든 환난을 면하게 하시며 또 네 영혼을 지키시리로다 ⁸ 여호와께서 너의 출입을 지금부터 영원까지 지키시리로다

시편 기자는 121편에서 하나님을 소개하고 있다. 그분은 우리들에게 휴식을 제공해주시고, 우리들에게 도움을 주시는 분이라고. 또한 그분은 하늘과 땅을 만드셨고, 낮에도 밤에도 우리를 틀림없이 모든 재앙으로부터 지키시는 분이라고 소개하면서 하나님께서 그렇게 하실 수 있는 방법에 대해 한 가지 말해준다. 그분은 졸지도 않으시고 주무시지도 않으신다고 반복해서 말하고 있다. '졸지 않는다'는 말의 원어가 바로' 긴장을 풀지 않는다'라는 뜻이다.

이와 비슷한 표현이 잠언 6장 1~5절에도 나온다.

¹ 내 아들아 네가 만일 이웃을 위하여 담보하며 타인을 위하여 보증하였으면 ² 네 입의 말로 네가 얽혔으며 네 입의 말로 인하여 잡히게 되었느니라 ³ 내 아들아 네가 네 이웃의 손에 빠졌은즉 이같이 하라 너는 곧 가서 겸손히 네 이웃에게 간구하여 스스로 구원하되 ⁴ 네 눈을 잠들게 하지 말며 눈꺼풀을 감기게 하지 말고 ⁵ 노루가 사냥꾼의 손에서 벗어나는 것 같이, 새가 그물 치는 자의 손에서 벗어나는 것 같이 스스로 구원하라

당신의 영성 면역력을 점검하라

이 말씀은 '네가 빚쟁이가 되었으면 빚쟁이들이 너를 종으로 팔 수도 있으니 조심해야 된다'라는 내용이다. 비록 보증을 선 것 때문에 빚쟁이가 되었을지라도 상황은 같은 것이니 채주에게 찾아가서 사정하고 살 길을 빨리 찾아서 그들이 너를 종으로 팔지 않도록 막아야 한다는 말씀이다.

이때 4절에 '네 눈을 잠들게 하지 말며 눈꺼풀을 감기게 하지 말고'라고 강조하고 있는데 이 부분을 다른 번역본들로 다시 읽으면 다음과 같다.

눈꺼풀을 감기게 하지 말고(개역개정)

긴장을 풀지 말고(현대인의 성경)

no slumber 무기력 상태에 방치하지 말라, 혼수상태로 두지 말라!

(영어성경 NIV)

잠잘 궁리도 말고 눈 붙일 생각도 마라(공동번역)

이런 맥락에서 시편 121편을 읽으면 이렇게 표현할 수 있다.

"하나님께서는 여러분의 발이 미끄러지지 않도록 긴장을 풀지 않으시고 지켜주시고 계십니다."

"여러분을 지켜주시는 그분은 결코 긴장을 풀지 않으십니다."

마귀는 우리들에게 자꾸 긴장을 풀고 무장 해제해서 평안히 즐기라고 말한다. 그런데 성경은 그렇게 가르치지 않는다. 영적인 전쟁에서, 삶의 무대에서 승리하려면 어느 정도 긴장감이 있어야 하고, 특히 마지막 날에 서게 될 심판대를 생각한다면 매일의 삶 속에서 긴장을 늦추지 말 것을 당부하고 있다. 마치 하나님께서 우리를 지키시기 위해 긴장을 풀지 않으시고 경계를 느슨히 하지 않으시는 것처럼 말이다.

긴장감이라는 말이 나쁜 뜻일까? 정신을 바짝 차린 상태, 팽팽하게 당기는 느낌이 나쁜 것일까? 과하면 문제가 되지만, 없어지면 더 큰 문제가 되는 것이 긴장감이다.

우리는 편하면 다 좋다는 편리주의 시대에 긴장감을 유지해야 하는 신앙인들이다. 하나님께서는 우리들을 위해 긴장을 늦추지 않으시고 지키시는데 왜 우리는 마귀의 공격 앞에 아무런 긴장감 없이 살다가 크게 당하는가.

골리앗은 다윗 앞에서 아무런 긴장감도 없었다. '저까짓 게 감히 나를!'이란 안이한 생각에 편히 있었다. 그 결과, 골리앗은 긴장하며 달려드는 다윗 앞에 무너져서 명예를 더럽힌 거인이 되었다.

우리는 긴장감이 사라진 무장 해제의 시기를 살고 있다. 마귀는 시시때때로 틈을 노리고 있다. 우리의 영적인 생활에 진보가 일어나지 않도록, 새로운 차원의 신앙생활을 경험하지 못하도록 우리를 막아서는데도 우리는 전혀 긴장하지 않고 있다. 마귀가 쳐 놓은 '내일부터' 작전에 넘어가 있고, 긴장감을 풀지 않고 우리를 지키시는 하나님을 기억하지 못하고 있다.

평안과 힐링을 강조하는 시대이지만 우리를 위하여 영영소로 주신 이 긴장감을 버리지 말고 잘 활용해서 행복한 삶이 이어지길 바란다.

당신의 영성 면역력을 점검하라

상급

믿음이 없이는 하나님을 기쁘시게 하지 못하나니 하나님께 나아가는 자는 반드시
그가 계신 것과 또한 그가 자기를 찾는 자들에게 상 주시는 이심을 믿어야 할지니라

히브리서 11:6

성경이 대단히 중요하게 생각하고 있는 단어 가운데 하나가 '믿음'이다.
신약성경에만 믿음과 관련된 구절이 230여 개 정도 나온다. 복음서에도
'믿음', 사도행전에도 '믿음', 서신들에도, 요한계시록에도 '믿음'이다.

내가 그리스도와 함께 십자가에 못 박혔나니 그런즉 이제는 내가 사
는 것이 아니요 오직 내 안에 그리스도께서 사시는 것이라 이제 내가
육체 가운데 사는 것은 나를 사랑하사 나를 위하여 자기 자신을 버리

신 하나님의 아들을 믿는 믿음 안에서 사는 것이라 _ 갈라디아서 2:20

그리스도 예수 안에서는 할례나 무할례나 효력이 없으되 사랑으로써
역사하는 믿음뿐이니라 _ 갈라디아서 5:6

깨어 믿음에 굳게 서서 남자답게 강건하라 _ 고린도전서 16:13

이와 같이 행함이 없는 믿음은 그 자체가 죽은 것이라 _ 야고보서 2:17

믿음의 결국 곧 영혼의 구원을 받음이라 _ 베드로전서 1:9

왜 그렇게 성경은 '믿음'을 강조할까? 여러 가지 이유 중에 하나는, 하나
님께서는 우리들에게 아주 많은 선물들을 주길 원하시는데 그 선물들을 아
무에게나 주시지 않고 믿음의 사람들에게 주시기 때문이다.
　하나님께서 살아 계시다는 믿음!
　하나님께서 전능하신 창조주라는 믿음!
　살아 계신 전능의 창조주 하나님이 우리들을 사랑하신다는 믿음!
　사랑하셔서 우리들을 천국으로 인도하시기 원하신다는 믿음!
　하나님께서 나를 항상 보고 계신다는 믿음!
　예수님께서 이 땅에 오셔서 우리들을 위해서 천국에 이르는 길을 예비
하셨다는 믿음!
　그분이 십자가를 지심으로 우리의 모든 죗값을 대신 치르시고 용서해주

셨다는 믿음!

예수님께서 부활하셨고 나도 부활할 것이라는 믿음!

예수님께서 질병을 정복하신다는 믿음!

예수님께서 악한 영들을 정복하신다는 믿음!

성령님께서 오늘 나와 함께하시고 나를 도우신다는 믿음!

이 모든 것을 믿고 그 믿음으로 구원받고, 행함으로 복을 누리길 간절히 바란다.

하나님께서는 이 같은 믿음이 있는 사람들에게 선물을 주시겠노라고 약속하셨다. 언젠가 성경을 보면서, 믿음의 사람들에게 하나님이 내려주시겠다고 약속하신 것들이 무엇인지 찾아보았다. 엄청 많았다. 그리고 그 많은 선물들 중에 이미 받고 누리며 사는 것들도 많았다.

당신도 한번 따져보라. '나는 믿음으로 말미암은 선물들을 몇 개나 받았는가? 그것들을 누리며 나누고 살고 있는가?'

믿음의 사람은 기쁨과 평강이 충만하게 된다. 하나님은 불안함과 의심, 슬픔과 좌절의 시대에 기쁨과 평강을 약속하셨다.

소망의 하나님이 모든 기쁨과 평강을 믿음 안에서 너희에게 충만하게 하사 성령의 능력으로 소망이 넘치게 하시기를 원하노라 _ 로마서 15:13

또 믿음의 사람은 하나님께서 보호해주신다고 약속하셨다. 한 치 앞도 알 수 없고 미래도 불안하지만 하나님은 여전히 우리를 보호하고 계신다.

너희는 말세에 나타내기로 예비하신 구원을 얻기 위하여 믿음으로 말미암아 하나님의 능력으로 보호하심을 받았느니라 _베드로전서 1:5

또 믿음의 사람은 하나님께서 살려주신다고 약속하셨다.

복음에는 하나님의 의가 나타나서 믿음으로 믿음에 이르게 하나니 기록된 바 오직 의인은 믿음으로 말미암아 살리라 함과 같으니라

_로마서 1:17

또 죄 사함을 약속하셨다. 죄를 지은 인간은 지옥에 간다. 죄를 지으면 반드시 형벌을 받는다. 그러나 예수님께 나아와 죄를 고백하는 모든 사람들의 죄는 용서하신다고 약속하셨다.

그에 대하여 모든 선지자도 증언하되 그를 믿는 사람들이 다 그의 이름을 힘입어 죄 사함을 받는다 하였느니라 _사도행전 10:43

죄가 용서되었기 때문에 지옥의 형벌 없이, 그 무서운 심판 없이 천국에 갈 수 있게 되었다.

그를 믿는 자는 심판을 받지 아니하는 것이요 믿지 아니하는 자는 하나님의 독생자의 이름을 믿지 아니하므로 벌써 심판을 받은 것이니라

_요한복음 3:18

당신의 영성 면역력을 점검하라

그래서 예수를 믿는 사람들에게는 구원이 선물로 주어진다. 다른 사람들이 지옥의 불구덩이에서 신음할 때 우리는 그곳에서 건짐 받는다. 죄를 고백하고 죄를 용서받은 우리는 정죄 당하지 않는다고 성경은 말씀하고 있다.

믿고 세례를 받는 사람은 구원을 얻을 것이요 믿지 않는 사람은 정죄를 받으리라 _ 마가복음 16:16

이렇게 구원받은 사람들, 예수님을 내 주인으로 모시는 모든 자들에게는 이 땅에 사는 동안 하나님의 자녀가 되는 축복도 따라온다.

영접하는 자 곧 그 이름을 믿는 자들에게는 하나님의 자녀가 되는 권세를 주셨으니 _ 요한복음 1:12

자녀이기에 천사들이 보호해준다. 자녀이기에 하늘의 상속권이 있다. 자녀이기에 강하고 담대할 수 있다.

또 믿음의 사람들에게는 사랑할 줄 아는 복을 내려주신다. 사람들은 사랑받는 것이 복인 줄 알지만 이는 착각이다. 성경은 사랑함이 축복임을 말씀하고 있다. 믿음의 사람들은 왠지 사랑하며 살고 싶어지고 그 사랑하는 삶을 위하여 성령님의 도우심도 간구하게 된다.

또 믿음의 사람들은 강하고 담대하기 때문에 인생이 적극적이다. 늘 소망 가운데 힘이 나게 되어 있다. 믿음이 있는 사람은 교회의 모든 일, 하나님의 일이라고 판단되는 모든 일에 참 적극적으로 나선다. 그런데 믿음이 없는 사람들은 가능하면 참석하려고 하지 않는다.

초대교회가 만들어질 수 있었던 원인 중에 하나는 120명의 적극적인 신앙인들이 함께 모여서 기도 모임을 만들고 이 모임에 열심히 참석하던 믿음의 사람들에게 성령이 임하셨기 때문이다.

이 외에도 믿음의 사람들에게는 아주 많은 복을 내려주시겠다고 약속하신다. 그럼에도 우리는 믿음을 가지려 하지 않고 늘 내 고집대로, 내 뜻대로 살려고 한다. 하나님의 말씀보다 내가 우선이다. 내 생각, 내 고집, 내 경험이 우선인 것이다. 그래서 늘 헤매고 답답한 세월을 살아간다.

이런 것을 너무나 잘 아시는 하나님께서는 우리들이 믿음을 잘 가지고 행복하게 살 수 있도록 아주 좋은 영양소를 주셨는데, 바로 '상급'이다. 상주신다는 약속!

자녀가 공부를 안 할 때 부모는 '이번 시험에서 몇 점 받으면 뭐 해줄게'라고 약속하곤 한다. 그러면 아이들은 그 말에 힘이 난다. 자기가 갖고 싶었던 것을 가질 수 있는 기회가 온 것이다. 그래서 더욱 열심히 공부하게 되고 그 상급, 그 약속이 영양소가 되어 힘이 난다.

영적인 세계도 마찬가지다. 하나님께서는 우리들이 믿음으로 구원받고, 믿음으로 복된 삶을 행복하게 살기를 원하신다. 그런데 마귀라는 놈이 와서 자꾸만 우리들의 믿음을 땅에 떨어뜨리고, 아주 작게 만들어버린다.

사람은 자기 힘으로 마귀를 이길 수 없다. 오직 예수님을 의지하고 그분을 신뢰할 때만이 그분의 능력으로 이기게 된다. 그분의 말씀이 마귀를 내어 쫓고, 그분에 대한 나의 믿음이 마귀를 내어 쫓는다.

마귀는 우리들에게서 믿음을 빼앗아가기 위해서 아주 많은 독약들을 우

당신의 영성 면역력을 점검하라

리에게 전해준다. 교만, 절망, 비교의식, 의심, 불신, 거짓말, 미움, 불평과 원망, 게으름, 형식주의 등등 모두가 다 마귀들이 우리에게서 믿음을 빼앗아가기 위해 뿌려 놓은 씨앗들이다.

그래서 우리들에게는 면역력을 길러주는 영양소가 필요하다. 그것이 바로 '상급'이다. 상급에 대한 기대가 힘이 나게 한다. '네가 이걸 하면 내가 이걸 해줄게'란 말은 참 묘한 힘을 준다. 대강대강 하다가도 내기가 걸리면 눈빛이 달라지지 않는가! 상에 대한 기대, 승리에 대한 기대 때문이다.

성경에는 크게 두 가지 종류의 상급이 나온다. 첫 번째는 마지막 날에 영혼이 구원받아 천국에 가는 것이고, 두 번째는 그 믿음으로 사는 이들이 얻게 될 이 땅에서의 행복이다.

성경에 나오는 큰 주제 가운데 하나는 '구원'이다. 어떻게 구원받아 천국에 가느냐는 것이다. 이것에 대하여 구약성경을 신봉했던 유대교인들은 크게 두 가지 기준을 제시하는데, 하나는 혈통 구원론이고 다른 하나는 행위 구원론이다.

혈통 구원론은 아브라함의 자손으로 태어났으면 유산 상속을 받을 수 있는 것처럼 하나님께서 약속하신 가나안에 들어갈 수 있다는 이론이다. 이를 다른 말로 '할례에 의한 구원'이라고도 한다.

유대인 남자들은 태어나면 할례를 받는다. 태어난 지 8일 만에 포경수술을 하는 것인데 이것을 '할례'라고 부른다.

왜 할례를 받느냐? 하나님께서는 아브라함과 약속하신 적이 있다.

"내가 너희 하나님이 되어서 너를 지켜줄 것이고 가나안에서 잘 살도록 도와줄 것이니 너는 내 백성이라는 표시를 네 몸에 해서 늘 잊지 않고 생각하며 긍지를 갖도록 하라!"

그래서 가르쳐주신 것이 바로 할례인데, 그 당시 이 할례를 받은 사람은 아브라함의 자녀라는 표시였다. 그래서 그들은 혈통 구원론을 이야기하는 것이다. 할례를 받았으면 아브라함의 자손이라는 증거니까 혈통이 좋아서 구원을 받고, 할례를 받지 않으면 아브라함의 자녀가 아니기에 구원을 받을 수 없다는 이론이다. 유대인들은 이 이론을 굳게 믿고 있었다. 선민의식이 강했고, 택하신 백성이기에 천국에 간다고 하는 운명론적인 신앙관을 가지고 있던 것이다. 과연 그러할까?

또 하나는 행위 구원론이다. 그들에게는 하나님께서 모세를 통하여 주신 율법이 있었다. 그래서 이 율법을 잘 지키면 구원을 받고, 잘 못 지키면 죄인이 되어서 천국에 들어갈 수 없다고 가르쳤다. 그래서 그들은 혼나지 않으려고, 지옥에 떨어지지 않으려고 율법을 지키기 위해 엄청난 노력을 했다. 그런데 그게 쉽지 않았다. 하나님께서 하지 말라고 하신 것들을 자꾸 하면서 계속 죄를 짓게 되었다.

그 누구도 행위가 온전한 사람은 없었다. 생각으로, 입술로, 몸으로 죄를 짓게 되었고 공동체에 악한 일들을 행하게 되었다. 부단히 노력한 사람들도 결국 죄를 이기지 못했다. 그래서 그들은 이렇게 이야기한다. 우리가 이 율법을 다 지키지는 못했지만 그래도 율법이 없는 사람들보다는 좀 낫기 때문에, 좀 더 착하기 때문에 천국에 갈 수 있는 거라고. 죄를 많이 졌지만 좋은 일도 많이 했기 때문에 천국에 갈 거라고. 과연 그러할까?

또 어떤 사람들은 양심이 기준이 된다고 말하는 사람들도 있다. 그래도 내가 양심에 비춰볼 때 저 사람들보다는 착하게 살았기에 천국에 갈 수 있

당신의 영성 면역력을 점검하라

을 거라고 생각한다. 과연 그럴까?

이에 대해 가장 정확하게 이야기하고 있는 말씀이 로마서이다. 우리는 어떻게 구원받을 수 있을까? 성경은 우선 위에서 언급하는 구원의 방법에 대해 모두 그렇지 않다고 말씀하고 있다.

일단 혈통 구원론을 반박한다. 아브라함이 할례를 받았기 때문에 구원을 받고 하나님의 자녀가 된 것이 아니라, 할례를 받기 이전에 이미 그가 믿음으로 하나님의 말씀에 대하여 "예" 하면서 믿었기 때문에 구원을 받은 것이고 그 구원의 표시로 할례가 행해졌음을 강조한다.

창세기 15장에 보면 하나님께서 아브라함을 두 번째 부르시는 장면이 나온다. 혼자서 외롭고 두려운 삶을 사는 아브라함을 부르신 것이다. 가나안 민족 전쟁 직후에 승리한 아브라함은 패배한 부족들이 힘을 모아 다시 보복해올 것에 대한 두려움이 있었다. 자식 하나 없고 믿을 만한 사람도 없고 자신을 지켜줄 사람도 없는데, 혼자인데 어찌해야 하나 걱정하고 있던 바로 그때 하나님께서 아브라함에게 나타나셨다. 그러고는 말씀하셨다.

"두려워하지 말라! 내가 너의 방패가 되어주마. 내가 너의 지극히 큰 상급이다. 내가 있는데 왜 두려워하느냐!"

그러자 아브라함은 이렇게 이야기한다.

"그래도 하나님! 하나님께서는 멀리 계신 것 같고, 저를 가까이서 돌봐줄 자식도 없어서 참 살기가 힘들어요."

그때 하나님께서는 아브라함을 데리고 밖으로 나가셔서 하늘을 바라보라고 말씀하셨다. 말로 되지 않으니 시청각 교육을 시키시는 것이다. 하늘에는 강물처럼 별이 많았다. 지금이야 별이 거의 안 보이지만 2000년 전

무수히 많은 별들이 보이던 그 밤, 하나님께서는 아브라함에게 말씀하신다.

"그 별을 네가 다 셀 수 있느냐?"

"하나님, 저 많은 별을 다 어떻게 셀 수 있겠어요? 불가능합니다."

그때 하나님께서 약속하신다.

"지금은 네가 자식이 없지만 언젠가는 네 자손들이 저 별과 같이 많아질 것이다."

그날 아브라함은 그 말씀을 믿었다. 그는 그 밤에 그 별들이 자신을 향하여 "할아버지", "아버지" 하고 소리 지르는 듯한 음성을 들었다. 그 환호성을 들었다. 그래서 그는 그냥 믿었다. 하나님께서 믿음에 대한 상으로 자손을 주시겠다고 하시니까 그냥 믿은 것이다.

아브라함은 하나님을 절대적으로 신뢰하기 시작했다. 이에 대해 성경은 이렇게 표현하고 있다.

아브람이 여호와를 믿으니 여호와께서 이를 그의 의로 여기시고

_ 창세기 15:6

로마서에서도 사도 바울은 강조한다. 할례가 먼저가 아니고, 믿음이 먼저였다고! 할례에 대한 첫 언급은 창세기 17장에 나온다. 아브라함이 99세가 되었을 때였는데 믿음이 할례보다 먼저임을, 혈통 구원이 아니라 하나님을 믿는 믿음으로 구원받게 됨을 강조한다.

또 행위 구원론과 율법 구원론을 비난하면서 율법은 모세 시대에 주어

당신의 영성 면역력을 점검하라

진 것인데, 그렇다면 모세 이전에 있던 아브라함이 어떻게 구원을 받았겠느냐고 반문한다. 그러면서 해답으로 제시하는 것이 바로 '믿음'이다.

사도 바울은 하나님께서는 우리들의 약함을 아시며, 죄 지음과 무지함을 아신다고 말한다. 또한 천국은 의인들이 들어가는 곳이기에 의인이 아닌 우리들은 들어갈 수 없다는 것도 강조한다.

그럼 그 최고의 상급인 천국에 어떻게 들어갈 수 있을까?

바로 '믿음'이 있어야만 한다. 할례를 받은 자든 할례를 받지 않은 자든 믿음으로 구원에 이를 수 있다.

이 땅에 오신 예수님은 하나님의 아들이시다. 모든 것을 누리신 분이시다. 그분이 사람의 몸을 입고 이 땅에 오셨다. 사람의 아들로 태어나 사람처럼 살아가셨다. 인간들의 아픔과 기쁨을 아셨고, 한계와 절망도 보셨다. 스스로의 힘으로 착해질 수 없는, 스스로의 힘으로 의로워질 수 없는 인간을 보셨다. 그래서 그들에게 손을 내밀어주셨다. 내 손을 잡으라고, 나를 믿고 따라오라고, 그러면 내가 너희들을 천국으로 데려갈 것이라고 말씀하셨다. 죄 많은 우리들이 죄 없는 사람만 가는 그곳에 갈 수 없음을 아시고 우리들의 죄를 씻어주셨다. 우리들이 지불해야 하는 죗값을 마귀에게 대신 지불해주셨다.

그것이 십자가의 보혈이다. 그 피를 흘려 마귀에게 주시면서 우리의 죄를 지워주셨다. 죄를 지우는 지우개는 돈이 아니라 보혈이었다. 죄 없는 사람이 흘리는 피만이 죄를 지울 수 있음을 성경은 가르치고 있다. 그래서 죄가 없으신 예수님께서 죄인의 모습으로 오셔서 우리의 죗값을 대신 갚아주시면서 우리를 천국에 들어오라고 말씀하신 것이다.

'너는 죄가 많지만 네가 나를 사랑하고 네가 나를 아니까, 너를 죄 없다 여겨주고 친구라 인정하겠다'라고 말씀하신다.

이것을 '의인'이라고 한다. 의로운 사람이 의인이 아니라, 의롭다고 인정받은 사람이 의인이다. Justification of faith, '믿음에 의한 의인'이다.

구원의 길이 새롭게 열린다. 그 어떤 행위로나 혈통으로는 안 된다. 오직 믿음이다. 예수님만이 우리들을 천국으로 인도하실 수 있는 유일한 길이요 진리요 생명이심을 믿어라.

예수께서 이르시되 내가 곧 길이요 진리요 생명이니 나로 말미암지 않고는 아버지께로 올 자가 없느니라 _ 요한복음 14:6

부활이 무엇인가? 저 천국에서 영원히 살 수 있다는 말이다. 이 땅에서 죽는 걸로 끝이 아니라, 죽음 후에 내 몸은 땅에 묻히지만 내 영은 하나님 나라에서 영원히 산다는 것이 부활의 궁극적인 의미이다.

죽음이 끝이 아니기에 우리가 사망을 두려워하지 않는 것이고, 죽음이 끝이 아니기에 우리가 죽은 후에도 소망을 가질 수 있는 것이다. 이 부활의 소망으로, 이 부활에 대한 믿음으로 행복한 삶을 이어가시기를 주님의 이름으로 축원한다.

기독교는 사후세계의 행복만을 이야기하는 종교가 아니다. 성경은 믿음을 가진 우리들에게 이 땅에서의 행복도 이야기하고 있다. 성경의 약속을 믿는 이들에게 그 약속을 체험하게 해주시겠다고 말씀하셨는데, 그게 바로 상급이다.

당신의 영성 면역력을 점검하라

상을 믿고 그대로 살면 그 상을 받게 되는 것, 그래서 상급이 우리들의 건강한 영성생활을 위한 영양소가 된다. 아브라함은 그것을 믿었다. 하나님께서 주시겠다고 약속하신 상 이야기를 들은 후에 힘이 났다. 아무것도 아닌데 하나님께서 사랑하셔서 상을 주시겠다고 약속하시니까 무슨 대단한 영양소를 섭취한 것처럼 힘이 났다. 그래서 열심히 순종하며 살았고, 최선을 다해 살았다.

그랬더니 어떻게 되었는가? 신실하신 하나님의 약속들이 다 이루어졌다. 그래서 하나님의 별명 중에 하나가 '약속하시고 그 약속을 지키시는 하나님'이시다.

> 하나님의 약속은 얼마든지 그리스도 안에서 예가 되니 그런즉 그로 말미암아 우리가 아멘 하여 하나님께 영광을 돌리게 되느니라
>
> _ 고린도후서 1:20

하나님께서는 아브라함에게 많은 약속을 하셨다. 자녀의 약속, 자녀들이 애굽 땅에서 고생하며 훈련받겠지만 그 자손들이 재물을 많이 모으고 다시 돌아와서 땅을 차지하게 될 것이라는 약속, 장수하다가 평안히 죽게 될 것이라는 약속. 이 모든 약속이 다 이루어졌다는 것을 아는가.

1) 네 몸에서 자녀가 나올 것이다.

사라가 임신하고 하나님이 말씀하신 시기가 되어 노년의 아브라함에

게 아들을 낳으니 _ 창세기 21:2

2) 그 자손들이 이방에서 종살이하며 객이 되었다가 돌아올 것이다.

⁴⁰ 이스라엘 자손이 애굽에 거주한 지 사백삼십 년이라 ⁴¹ 사백삼십 년이 끝나는 그 날에 여호와의 군대가 다 애굽 땅에서 나왔은즉

_ 출애굽기 12:40~41

3) 그 자손들은 부유하게 되어 나올 것이다.

³⁵ 이스라엘 자손이 모세의 말대로 하여 애굽 사람에게 은금 패물과 의복을 구하매 ³⁶ 여호와께서 애굽 사람들에게 이스라엘 백성에게 은혜를 입히게 하사 그들이 구하는 대로 주게 하시므로 그들이 애굽 사람의 물품을 취하였더라 ³⁷ 이스라엘 자손이 라암셋을 떠나서 숙곳에 이르니 유아 외에 보행하는 장정이 육십만 가량이요 ³⁸ 수많은 잡족과 양과 소와 심히 많은 가축이 그들과 함께 하였으며 _ 출애굽기 12:35~38

4) 땅을 주겠다.

⁴³ 여호와께서 이스라엘의 조상들에게 맹세하사 주리라 하신 온 땅을 이와 같이 이스라엘에게 다 주셨으므로 그들이 그것을 차지하여 거기에 거주하였으니 ⁴⁴ 여호와께서 그들의 주위에 안식을 주셨으되 그 조

당신의 영성 면역력을 점검하라

상들에게 맹세하신 대로 하셨으므로 그들의 모든 원수들 중에 그들과 맞선 자가 하나도 없었으니 이는 여호와께서 그들의 모든 원수들을 그들의 손에 넘겨 주셨음이니라 ⁴⁵ 여호와께서 이스라엘 족속에게 말씀하신 선한 말씀이 하나도 남음이 없이 다 응하였더라

_ 여호수아 21:43~45

5) 너는 장수하다가 평안히 조상에게로 돌아갈 것이다.

⁵ 아브라함이 이삭에게 자기의 모든 소유를 주었고 ⁶ 자기 서자들에게도 재산을 주어 자기 생전에 그들로 하여금 자기 아들 이삭을 떠나 동방 곧 동쪽 땅으로 가게 하였더라 ⁷ 아브라함의 향년이 백칠십오 세라 ⁸ 그의 나이가 높고 늙어서 기운이 다하여 죽어 자기 열조에게로 돌아가매 _ 창세기 25:5~8

하나님은 약속하시고, 그 약속을 반드시 이루시는 분이시다. 하나님께서는 아브라함에게 상급이라는 영양소를 주셨고, 상급을 바라보게 하셨다. 상급을 주실 거란 믿음이 생기니 아브라함은 힘이 났다.

오늘날도 마찬가지다. 내가 믿음으로 살면 이 땅에서 하나님이 약속해 놓으신 것들을 다 누리게 된다. 그 믿음을 하나님께서는 기뻐하시고 그렇게 살아가려는 우리들에게 반드시 상급을 주심을 믿어라.

천국도, 부활에 대한 믿음도 그러한 맥락이다. 부활은 하나님께서 자녀들에게 주시는 최고의 상급이다. 이 상급에 대한 믿음이 있으면 그 믿음은

곧 현실이 된다.

어떻게 사람이 죽으면 끝이지 또 살아나느냐고 하는 이들을 위해서 예수님께서는 미리 나사로를 살려내시면서 부활을 보여주셨다(요한복음 11:17~44). 나인성 과부의 아들을 살려내시면서 부활을 미리 보여주셨다(누가복음 7:11~15). 회당장 야이로의 딸을 살려내시면서 부활을 미리 보여주셨다(마가복음 5:22~24, 35~43). 우리도 그렇게 살아날 수 있음을 보여주신 것이다.

부활을 다른 장소에서 깨어나는 것으로 이해할 수 있다. 자녀들이 어렸을 때 충남 아산에서 아버지를 뵙고 집에 가기 위해 밤에 차가 안 막힐 때 출발했다. 아이들은 차를 타고 오다가 잠이 들었는데, 집에 도착해도 일어나지 않아서 그들을 업고 방에 뉘어 놓았다. 아침에 깬 아이들은 내게, 차에서 잠들었는데 자기가 왜 방에서 일어났냐고 물었다. 잠든 장소와 일어난 장소가 다른 것이다.

죽음은 무엇인가? 이 땅에서 잠들고 천국에서 깨어나는 과정이다. 내가 죽으면 여기에 몸이 남지만 내 영은 천사의 인도함을 받아 하나님 앞으로 간다. 즉, 여기서 죽고 거기서 일어나는 것! 그것을 죽음과 부활이라고 설명할 수 있다.

예수님이 누구신가? 그 모든 과정을 몸으로 직접 증명해주신 하나님의 아들이시다. 그래서 예수님을 믿고 그분처럼 사랑하며 용서하고 정직하게 성실하게 부지런하게 사명감당하며 항상 믿음, 소망, 사랑으로 살아가는 이들에게 동일한 부활의 경험을 상급으로 주신다.

불가능한 것을 불가능하다고 포기하는 일도 누구나 할 수 있다. 안 된다는 일을 안 된다고 하고 포기하는 일도 누구나 할 수 있다. 그러나 그 절망

당신의 영성 면역력을 점검하라

적인 한계 상황 가운데, 사방을 둘러보아도 꽉 막힌 절망 가운데 하늘을 우러러보며 하나님을 바라보고 일어서서 기도하고 믿음으로 다시 출발하는 일은 아무나 할 수 있는 일이 아니다. 하나님께서는 그만한 믿음과 소망과 사랑을 가진 사람들에게 기적과 행복을 약속하고 계신다.

믿음이 없이는 하나님을 기쁘시게 하지 못하나니 하나님께 나아가는 자는 반드시 그가 계신 것과 또한 그가 자기를 찾는 자들에게 상 주시는 이심을 믿어야 할지니라

성경은 우리들에게 상급을 이야기한다. 절망이 아니라 소망 가운데 살아가려는 이들에게 상급을 이야기한다. 불신과 원망이 아니라 믿음으로 감사하며 사는 이들에게 상급을 이야기한다. 믿으라고! 믿는 자들에게 반드시 상급이 있다고!

이 상급에 대한 기대는 우리들에게 좋은 영양소가 되어서 힘이 나게 할 것이다. 힘든 날, 의심이 되는 날, 절망스러운 날에도 그 상급을 바라보면서 믿음으로 일어서길 바란다. 아브라함처럼, 바울처럼, 수많은 믿음의 거인들이 그러했던 것처럼.

오늘도 부활의 소망을 간직하며 최고의 상급인 부활에 대한 확실한 믿음으로 절망의 시대를 소망으로 살아가고, 미움의 시대를 사랑으로 이겨내길 간절히 기도한다.

Part 3

믿음을 더욱
성장 시키기 위해
필요한 영양소

믿음과 순종

[34] 구름이 회막에 덮이고 여호와의 영광이 성막에 충만하매 [35] 모세가 회막에 들어
갈 수 없었으니 이는 구름이 회막 위에 덮이고 여호와의 영광이 성막에 충만함이었
으며

출애굽기 40:34~35

　수년 전에 '허준'이란 드라마에서 참 인상 깊었던 장면 중 하나가 안면마비 증상인 구안와사를 치료하는 장면이었다. 왕이 아끼던 공빈이라는 여인의 오빠가 구안와사에 걸렸다. 당시 최고의 의원들이 침을 놓아서 돌아간 얼굴을 원위치시키기 위해 갖은 애를 썼지만 차도가 없을 즈음에 허준이란 시골 출신 의관이 치료를 담당하게 된다.

　그는 일류 가문 출신도 아니고, 배경이 든든한 사람도 아니었다. 그저 시골에서 명의라는 소문이 나 있던 유의태라는 사람에게서 의술을 배운 게

전부였다. 허준은 진맥 후에 침이 아닌 탕약을 달여서 위병 치료를 시작한다.

그러자 최고 의관인 어의뿐만 아니라 그곳에 있던 의원들 모두 신참 허준을 나무랐다. 왕과 공빈, 환자도 매우 황당해했다. 침으로 치료해오던 방식을 포기하고 배에 왕뜸을 뜨며 탕약을 통해서 위병을 치료하니 얼마나 어이가 없었겠는가. 그러나 허준은 공빈과 환자에게 갖은 구박과 모욕을 받으면서도 꾸준히 치료했고, 결국 구안와사는 완치되었다.

그때 왕이 물었다. 왜 침을 사용하지 않았느냐고. 그러자 허준은 구안와사는 얼굴에서 시작한 병이 아니라 위에서 시작한 병이기에 위를 먼저 다스려줘야 얼굴이 제대로 돌아오는 거라 대답한다. 즉, 근원을 다스려야 병이 다스려지는 것이지 현상만 다스리면 병이 깊어진다는 것이다.

'연관통'이란 말이 있다. 외부에 나타나는 통증의 원인이 내부에 있다는 것이다. 허리 디스크 환자들이 다리에 통증을 느끼는 것, 목 디스크 환자들이 손이 저리고 가벼운 물건도 자주 놓치는 것 모두 연관통이다.

코가 안 좋은 사람은 기관지가 약해서, 눈이 안 좋으면 간이 안 좋아서, 어깨가 안 좋은 사람은 식도에 염증이 생겼을 수도 있다는 것은 상식에 가까운 사실들이다. 이것이 바로 연관통이다. 식도에 염증이 생기면 그곳의 신경이 왼쪽 어깨의 앞부분과 연결되어 있기 때문에 어깨 통증으로 나타나는 것이다. 이때 어디를 치료해야 할까?

뿌리째 뽑지 않으면 잡초는 계속 자라난다. 뿌리가 왕성하면 아무리 잡초를 뽑아도 계속 자라나게 되어 있다.

미세먼지, 오늘날만의 문제가 아니다. 구약시대 애굽에서 모세가 이스

당신의 영성 면역력을 점검하라

라엘 백성들과 함께 출애굽하던 때, 하나님께서 애굽에 내리신 재앙 중 하나였다. 티끌이 이가 되고, 흑암이 다가왔다. 태양이 빛을 잃고 어둠과 불안이 스며들었다. 밖에 나돌아다닐 수 없는 병들이 세상에 떠돌고 있다. 예수님께서는 자연재해를 심판의 일종으로 해석하시고 선포하셨다.

양극화도 마찬가지다. 이사야 선지자, 아모스 선지자가 그토록 목이 터져라 외쳤던 것이 양극화 문제였다. "왜 나누지 않느냐! 너 혼자 잘 먹고 잘 살라고 맡긴 것이 아닌데 왜 혼자 쌓아 놓고 있느냐?"

오늘날 우리에게는 이렇게 말씀하신다. "너는 별장도 있고 국내외 여러 채 집도 있고 계절마다 옮겨 다니며 살고 있으면서 집 없이 방황하는 저 가난한 사람들을 왜 돌봐주지 않느냐"라고 나무라신다.

오늘의 문제는 오늘만의 문제가 아니라 연관되어 있는 그 근본의 원인이 있음을 성경은 늘 강조한다. 그게 바로 '죄'라는 놈이다. 특히 불신앙과 불순종의 죄!

마귀가 하는 일 중에 하나는 사람들이 스스로 잘 살 수 있다는 착각을 불러일으킨다는 것이다. 이 세상의 주인은 나이고, 내 삶의 주인도 나이기에 내 마음대로 하면 잘 살 수 있을 거란 착각을 자꾸만 심어준다.

마귀는 에덴동산에서도 하와에게 그랬다. 에덴동산의 주인은 너 자신이니까, 보이지 않는 하나님의 눈치를 보지 말고 먹고 싶은 것 다 먹으라고! 네 마음대로 하면 되지, 왜 하나님의 눈치를 보느냐고!

하와에게는 얼마나 반가운 소식이었겠는가. 내가 내 인생의 주인이고, 내 마음대로 내 삶을 만들어 갈 수 있다는데 싫을 사람이 어디 있겠는가. 하와는 당장 손을 뻗어 선악과를 따 먹었다.

어떻게 되었을까? 자신이 자신의 삶의 주인이 되어 행복했을까? 하나님보다 더 에덴동산을 잘 다스렸을까?

아담과 하와는 에덴동산에서 쫓겨나고 말았다. 그 기쁨의 동산, 행복의 동산, 평화의 동산인 에덴동산에서 쫓겨났다. 더 이상 살고 싶어도 살 수 없게 되었다. 주인되시는 하나님을 무시한 결과이다.

내 마음대로 하고 싶은 욕심은 내 것이 아니라 마귀가 심어주는 마음이고, 하나님의 뜻대로 살고 싶은 마음은 성령님께서 주시는 선물임을 명심하라.

근본을 치료하지 않으면 잠깐 동안 나을 수는 있어도 또다시 통증이 시작된다. 신앙생활도 마찬가지다. 근본을 치료하지 않으면 우리 삶에 진정한 기쁨과 평안, 행복은 없다.

그래서 하나님께서는 우리들에게 아주 다양한 영양소들을 주셨다. 영성생활과 신앙생활에 활력을 줄 수 있는, 근본적인 치료를 위한 예배, 찬양, 동심, 힘듦, 기다림, 긴장감, 상급 등은 모두 아주 좋은 영양소들이다.

예배생활, 감사생활, 기도생활, 다른 사람들을 존중하고 높여주는 생활을 위해 필요한 아주 좋은 영양소들이다. 근본적인 치료를 위한 치료제들이다.

이번 장에서는 그 좋은 영양소들 중에 하나인 '믿음과 순종'에 대해 이야기 나누고자 한다.

하와는 왜 기쁨과 평화의 동산에서 쫓겨나서 가시덤불과 엉겅퀴가 있는 땅에서 살게 되었을까? 오늘날 우리는 왜 양극화와 상대적 박탈감을 느끼며 살고, 미세먼지 속에서 마스크를 쓰고 살아야 할까? 우리는 왜 기쁨도

당신의 영성 면역력을 점검하라

평화도 없이 현재의 불안함과 미래의 두려움 속에 살게 되었을까?

성경은 그 이유를 말씀에 대한 불신앙과 불순종에서 찾고 있다. 내가 높아지고 내가 제일 소중하다 보니 하나님의 말씀을 무시하고 내 마음대로 바꿔버리는 것이다.

하와는 그날도 선악과나무 앞에 서 있었다. 선악과를 먹으면 안 된다는 것 정도는 알고 있었다. 이미 하와는 남편인 아담을 통해서 여러 번 이 사실을 듣고 알고 있었다.

하나님께서는 아담에게 분명히 말씀하셨다.

선악을 알게 하는 나무의 열매는 먹지 말라 네가 먹는 날에는 반드시
죽으리라 하시니라 _ 창세기 2:17

영어 성경에 보면 "when you eat of it you will surely die"라고 나와 있다. 즉, 확실하게 죽는다는 것이다.

그런데 참 묘하게도 그 나무 앞에만 서면 안 죽을 수도 있다는 생각이 들고, 왠지 그 나무 앞에만 서면 이게 내 것 같다는 생각이 들었다. 내 동산에서, 내가, 내 나무의 열매를 먹는다는데 누가 뭐라고 한단 말인가. 그 에덴동산의 소유주는 하나님이시지만 하와는 점점 생각이 바뀌기 시작했다. 왠지 무대 위에 등장하지 않으시는 하나님이 무시되기 시작했다.

그러던 어느 날, 마귀라는 놈이 와서 이런 하와의 마음에 불을 질러버린다. "안 죽을 수도 있어. 암, 안 죽을 수도 있지. 네가 이 땅의 주인이니까 일단 먹고 하나님하고 한판 붙어 봐!" 뭐, 이렇게 된 것이다.

결국 하와의 생각은 점점 바뀌어서 "정녕 죽으리라! 반드시 죽으리라!" 라고 하신 하나님의 말씀이 안 믿어졌다. 불신앙은 곧 불순종을 가져왔다.

이 마음의 변화를 눈치챈 마귀는 하와에게 묻는다.

"하나님이 참으로 너희에게 동산 모든 나무의 열매를 먹지 말라 하시더냐?"

교묘한 뱀은 여자의 허술한 심리를 파고들었다. '모든 나무의 열매를 먹지 말라 하시더냐?' 뱀은 알고 있었다. 마귀는 알고 있었다. 모든 나무의 열매를 먹을 수 있으나 선악과만은 안 된다는 것을.

하지만 마귀는 심리적으로 불신앙과 불순종의 삶에 한 발을 디디기 시작한 하와의 무너진 마음을 공격하고 있는 것이다. 그 질문의 답은 당연히 부정적일 수밖에 없다.

"아니야, 다 먹지 말라는 게 아니고 동산 중앙에 있는 나무의 열매만 안 된다고 하셨어. 그 열매는 하나님의 말씀에 '먹지도 말고 만지지도 말라 너희가 죽을까 하노라' 하셨어."

엄청난 왜곡의 시작이었다.

믿음의 사람이 처음부터 말씀을 거절하는 것은 아니다. 말씀을 내 편한 대로 해석하는 데에서부터 문제가 시작된다. 왜곡하고 변질시키는 것이다. 하나님께서는 그 나무의 열매를 만지지 말라고 하신 적이 없다. 먹지 말라고 하셨다. 그런데 하와는 만지지도 말고 먹지도 말라고 왜곡한다.

또한 하나님께서는 반드시 죽으리라, you will surely die!라고 하셨는데 전혀 엉뚱한 이야기를 한다. "너희가 죽을까 하노라!"로 바꿔버린 것이다. "you will surely die"에서 'surely, 확실하게 틀림없이'라는 말을 빼버렸다. 즉,

죽을 수도 있고 안 죽을 수도 있다는 뜻으로 바꾼 것이다.

마귀는 참 교묘한 놈이다. 불신앙은 서서히 시작되고, 의심은 왜곡으로 변하게 되어 있다. 하나님의 말씀을 내 멋대로 내 편한 대로 해석하고 바꾸어버리는 것, 그 준엄한 명령지를 내가 내 편한 대로 바꾸어버리는 것, 이 것이 불신앙의 시작이다.

하나님의 진노는 바로 여기에서 시작된다. 아닌 것은 아니어야 하는데, 될 수 있는 것처럼 바꿔버리고 나중에는 내 뜻대로 몸을 움직인다. 그 속에서 혼란이 오고 질서가 깨어지고 하나님과의 관계가 깨진다.

결국 그들의 불신앙은 불순종으로 나타났고, 에덴동산을 잃어버리고 가시덩굴과 엉겅퀴가 있는 곳으로 쫓겨나게 되었다.

그들이 처음부터 그랬던 것은 아니다. 처음에는 하나님을 절대적으로 신뢰했다. 그런데 점점 편해지고 넉넉해지다 보니 하나님의 필요를 느끼지 못하게 되고, 그 모든 과정에 함께하신 하나님을 무시하게 되었다. 그 결과, 진노하신 하나님께서는 결국 아담과 하와와의 관계를 정리해나가신 것이다. 하나님은 공의로운 분이시다.

그렇게 하나님께서는 그분을 절대적으로 신뢰하지 않고 순종하지 않은 욕심 많은 아담과 하와에게서 에덴동산의 기쁨과 평화를 가져가셨다. 그러자 곧 현실에 대한 불안함과 미래에 대한 두려움이 몰려왔다. 그들은 서로를 미워하기 시작했고, 서로에게 부끄러운 짓을 하게 되었다.

여기에 오늘날 우리들의 모습이 있다. 넉넉한데 궁핍하고, 풍성한 것 같은데 모자라고, 바쁜데 열매는 없고, 전염병과 환경오염과 사람들 사이의 거짓 속에서 방향을 잃고 행복과 기쁨을 잃어가는 우리들의 모습이 있다.

10가지 재앙 속에서 애굽 왕 바로가 돌이켰더라면 어땠을까? 아담아, 아담아! 부르시는 하나님의 음성 속에서 아담과 하와가 회개하고 자복하며 다시 하나님께로 돌아갔더라면 그들은 에덴을 놓치지 않았을 것이다.

비슷한 이야기가 사울 왕에게서도 나타난다. 구약시대 사울 왕이 아말렉과 전쟁을 하러 가기 전, 하나님께서는 사무엘 선지자를 통해서 말씀하신다.

지금 가서 아말렉을 쳐서 그들의 모든 소유를 남기지 말고 진멸하되 남녀와 소아와 젖 먹는 아이와 우양과 낙타와 나귀를 죽이라 하셨나이다 하니 _ 사무엘상 15:3

싸움은 어차피 하나님께서 이기게 해주셔야 이길 수 있다. 미세먼지도 하나님께서 비를 내려주시고 바람의 방향을 바꿔주셔야 해결이 되는 것이지 현재 상태로 우리가 할 수 있는 것은 아무것도 없음을 사울 왕도 오늘날의 우리도 잊고 있었다. 그냥 우리끼리, 내 마음대로 살아도 되는 줄 안다. 상황이 불안하고 미래가 두려울수록 욕심은 점점 커지기에 말씀이 귀에 들어오지 않았던 것이다.

일단 전쟁에 나간 사울 왕과 신하들은 전쟁을 하게 되는데, 하나님께서 도우셔서 크게 이기게 되었다. 아말렉 왕 아각과 백성들을 다 진멸해버린 것이다. 그런데 그때 마귀가 찾아와 상황이 앞으로 어떻게 될지 모르고, 하나님께서 언제까지 너를 인도하실지 모르니 이쯤에서 좀 남겨두자고 말한다. 다 죽이고 불태우지 말고 전리품들을 좀 챙기자고 유혹하는 것이다.

당신의 영성 면역력을 점검하라

그러자 미래가 두려웠던 사울은 마귀의 유혹에 쉽게 넘어간다. 현재가 불안한 백성들도 일단 오늘은 재물을 모으고 싶었다. 하나님을 향한 절대적인 신뢰가 무너지자 불순종이 시작된 것이다.

성경은 이 사건을 이렇게 기록하고 있다.

> 7 사울이 하윌라에서부터 애굽 앞 술에 이르기까지 아말렉 사람을 치고 8 아말렉 사람의 왕 아각을 사로잡고 칼날로 그의 모든 백성을 진멸하였으되 9 사울과 백성이 아각과 그의 양과 소의 가장 좋은 것 또는 기름진 것과 어린 양과 모든 좋은 것을 남기고 진멸하기를 즐겨 아니하고 가치 없고 하찮은 것은 진멸하니라 _ 사무엘상 15:7~9

하나님께서 사로잡으라고 하셨는가, 다 죽이라고 하셨는가? 쉬운 성경을 보면 '다 없애버리라'라고 번역하고 있다. 하나님께서는 분명 다 없애버리고 죽이라고 하셨는데 사울 왕은 사로잡은 것이다. 하찮은 것은 진멸하고 없애버렸는데 양과 소의 좋은 것, 기름진 것과 어린 양과 좋은 것들은 남겨두었다. 여기에 사울이 패망한 원인이 있다.

우리는 하나님의 말씀에 내 생각을 첨가하여 그분의 말씀을 자꾸 왜곡하기 시작한다. 하나님께서 내 인생의 주인이 아니라 내가 주인이 되고, 하나님께서 나를 통제하시는 게 아니라 하나님께서 무슨 말씀을 하셔도 내 뜻이 먼저가 된다.

불신앙은 불순종의 근원이고 불순종은 불신앙의 연관통, 즉 열매이다.

진노하신 하나님께서는 사울을 호되게 야단치시며 회개의 기회를 주신다. 마치 아담에게 회개의 기회를 주셨던 것처럼 말이다.

> 어찌하여 왕이 여호와의 목소리를 청종하지 아니하고 탈취하기에만
> 급하여 여호와께서 악하게 여기시는 일을 행하였나이까 _ 사무엘상 15:19

그러나 회개해야 할 타이밍에 사울은 변명하기 시작한다. 마치 아담과
하와가 핑계를 대며 죄를 고백하지 않고 회개하지 않은 것처럼 사울 역시
그렇게 핑계를 댄다.

마귀는 늘 이런 패턴으로 일을 진행한다. 불신앙 → 불순종, 그래서 죄
를 짓게 하고 회개할 타이밍에 변명하게 한다.

> [20] 사울이 사무엘에게 이르되 나는 실로 여호와의 목소리를 청종하여
> 여호와께서 보내신 길로 가서 아말렉 왕 아각을 끌어 왔고 아말렉 사
> 람들을 진멸하였으나 [21] 다만 백성이 그 마땅히 멸할 것 중에서 가장
> 좋은 것으로 길갈에서 당신의 하나님 여호와께 제사하려고 양과 소를
> 끌어 왔나이다 하는지라 _ 사무엘상 15:20~21

어쩌면 이리도 똑같은지, 아담과 하와도 자기들이 욕심나서 선악과를
먹고 죄를 지으며 핑계만 댄 것처럼 사울도 마찬가지였다. 자기의 욕심 때
문에 숨겨두고 남겨두었으면서 핑계를 대었다.

진노하신 하나님의 심판도 똑같이 진행된다. 사울은 이 사건으로 인해
왕위를 빼앗기게 되었다. 불신앙과 불순종의 사람 사울은 믿음과 순종의

당신의 영성 면역력을 점검하라

사람인 다윗에게 왕위를 넘겨주게 되었고, 다윗에 의해서 하나님의 일은
완성되어갔다.

　사울과 달리 모세의 이야기를 읽다 보면 하나님의 섭리 안에서 믿음과
순종의 관계를 깨닫게 된다. 출애굽기의 반복되는 유형의 이야기는 하나
님께서 말씀하시고 사람은 순종하는 이야기다.
　내 자신이 주인이 되어 살아가던 이스라엘 사람들에게 하나님은 계속해
서 말씀하신다. 모세는 자기 자신이 인생의 주인이 되어 살려는 이스라엘
백성들을 달래고 또 달래서 하나님의 뜻을 믿고 따르도록 인도한다. 그것
이 출애굽기의 이야기다.
　하나님과 모세와의 첫 만남은 이러하다.

　² 여호와께서 그에게 이르시되 네 손에 있는 것이 무엇이냐 그가 이르
　되 지팡이니이다 ³ 여호와께서 이르시되 그것을 땅에 던지라 하시매
　곧 땅에 던지니 그것이 뱀이 된지라 모세가 뱀 앞에서 피하매

　_ 출애굽기 4:2~3

던지라! 던지니!

　여호와께서 모세에게 이르시되 네 손을 내밀어 그 꼬리를 잡으라 그가
　손을 내밀어 그것을 잡으니 그의 손에서 지팡이가 된지라 _ 출애굽기 4:4

잡으라! 잡으니!

뱀을 잡을 때 주의사항은 절대로 꼬리를 잡지 말라는 것이다. 어떤 사육사나 땅꾼들도 뱀의 머리를 잡지 꼬리를 잡지 않는다. 그런데 하나님께서는 모세에게 "꼬리를 잡으라!"고 말씀하셨다.

뱀은 꼬리를 잡히는 순간, 머리를 돌려서 확 물어버린다. 그럼에도 하나님은 뱀의 꼬리를 잡으라고 말씀하셨고, 모세는 하나님에 대한 절대 신뢰와 순종으로 뱀의 꼬리를 잡았다.

"잡으라! 잡으니!", "던지라! 던지니!" 이런 패턴은 계속 이어진다.

6 여호와께서 또 그에게 이르시되 네 손을 품에 넣으라 하시매 그가 손을 품에 넣었다가 내어보니 그의 손에 나병이 생겨 눈 같이 된지라 7 이르시되 네 손을 다시 품에 넣으라 하시매 그가 다시 손을 품에 넣었다가 내어보니 그의 손이 본래의 살로 되돌아왔더라 _출애굽기 4:6~7

이번에는 하나님께서 손을 품에 넣으라고 말씀하셨다. 모세가 손을 품에 넣었다가 빼내어 보니 문둥병이 생겼다. 하나님께서는 다시 손을 품에 넣으라고 말씀하셨고, 모세가 또 손을 넣었다가 내어 보니 이번에는 문둥병이 치료되었다.

던지라, 던지니! 잡으라, 잡으니! 넣으라, 넣으니! 이게 하나님과 우리의 정상적인 관계이다. 그런데 마귀는 이 관계를 깨고 싶어서 말씀을 왜곡하게 하고 변질시켜 우리를 유혹한다. 천국 백성을 지옥 천민으로 만들려고 우리를 유혹하는 것이다. "잡지 말라, 던지지 말라, 넣지 말라!"

당신의 영성 면역력을 점검하라

출애굽기의 시작이 믿음과 순종이었다면 그 마지막도 똑같다. 여호와 하나님께서 모세에게 엄청난 작업을 시키신다. 그 광야에서 재료도 충분치 않은데 성막을 만들라고 하신 것이다. 그때 모세는 하나님을 절대적으로 지지하며 그대로 몸을 움직인다.

출애굽기 40장에는 반복되는 구절이 있다.

"여호와께서 모세에게 명령하신 대로 되니라!"

또 성막 위에 막을 펴고 그 위에 덮개를 덮으니 여호와께서 모세에게 명령하신 대로 되니라 _ 출애굽기 40:19

또 그 궤를 성막에 들여놓고 가리개 휘장을 늘어뜨려 그 증거궤를 가리니 여호와께서 모세에게 명령하신 대로 되니라 _ 출애굽기 40:21

또 여호와 앞 그 상 위에 떡을 진설하니 여호와께서 모세에게 명령하신 대로 되니라 _ 출애굽기 40:23

또 여호와 앞에 등잔대에 불을 켜니 여호와께서 모세에게 명령하신 대로 되니라 _ 출애굽기 40:25

이런 구절이 계속 이어지다가 그 순종의 결과를 성경은 이렇게 표현한다.

³⁴ 구름이 회막에 덮이고 여호와의 영광이 성막에 충만하매 ³⁵ 모세가 회막에 들어갈 수 없었으니 이는 구름이 회막 위에 덮이고 여호와의 영광이 성막에 충만함이었으며

하나님께서는 우리를 통해서 영광을 얻기 원하시는데, 임재가 느껴지고 충만한 기쁨을 누리며 살기를 원하시는데 우리의 불신앙과 불순종이 하나님의 복을 잃어버리고 하나님의 마음에 아픔을 드리지는 않았는지 생각해 보게 된다.

내 소유가 무엇이 있는가? 내 생명은 내 것이 아니고, 내 건강도 내 것이 아니다. 불의의 사고를 내가 막을 수 없고, 재난을 내가 미리 예견하여 막을 수도 없다. 그래서 우리에게는 더욱더 하나님이 필요하다.

전능하신 하나님을 더 신뢰하라! 그분의 말씀에 순종하라!

어떤 분을 심방하면서 참 안타까운 이야기를 들었다. 그분은 15년 가까이 쓸 거 안 쓰고, 먹을 거 안 먹고, 남한테 밥 한번 제대로 산 적도 없었고, 얻어먹은 적도 없이 오직 돈만 모으셨다고 한다.

그렇게 열심히 1억 원을 모아서 이제 이 돈으로 시골에 집이라도 한 채 사야겠다고 했는데 갑자기 아버지가 교통사고를 낸 것이다. 피해자가 죽어서 합의가 잘 안 되다가 겨우 합의를 했는데 딱 1억 원이 들어가더란다. 15년 동안 직장 생활하면서 그렇게 움켜쥐며 모았던 것을 다 털어드리고 나니 어찌나 한심하던지, 이제와 후회를 했다고 한다.

그러지 말걸. 맛있는 거라도 먹고, 십일조와 모든 예물에 인색하지 말걸. 그러면서 하나님께서 참 가까이 계심이 느껴졌다고 한다. 하나님께서

당신의 영성 면역력을 점검하라

사고로 이어지지 않도록 그동안 막아주셨던 날들을 왜 감사하지 못했는지 회개하는 시간이었다고 한다.

사람들의 생각은 움켜쥐고 모으고 또 긁어모으면 잘살 것 같지만 주님은 그렇게 말씀하지 않으신다.

> 주라 그리하면 너희에게 줄 것이니 곧 후히 되어 누르고 흔들어 넘치도록 하여 너희에게 안겨 주리라 너희가 헤아리는 그 헤아림으로 너희도 헤아림을 도로 받을 것이니라 _ 누가복음 6:38

사랑하며 산다는 것, 최선을 다해 바르게 살아보려고 하는 것, 그게 믿음이고 순종이다.

예수님께서 길을 가실 때 한 사람이 꿇어앉아 물었다.

"선한 선생님이여, 내가 무엇을 하여야 영생을 얻으리이까?"

그러자 예수님께서는 이렇게 말씀하신다.

"가서 네게 있는 것을 다 팔아 가난한 자들에게 주라. 그리하면 하늘에서 네게 보화가 있으리라. 그리고 와서 나를 따르라."

하나님의 뜻을 깊이 묵상해본다. 불순종 후 회개의 기회를 놓쳐버린 아담과 하와, 모세의 믿음과 순종 그리고 사울의 불순종 역시 스쳐지나간다. 자연재해를 심판의 도구, 경계의 도구로 사용하시는 예수님이 생각난다.

하나님께서는 우리들이 건강하고 행복하게 살기를 원하시기에 불행과 불안과 두려움이 다가올 때는 무엇인가 이유가 있는 것이다.

하나님께서는 우리를 통하여 하나님의 영광이 드러나기를 원하시는데 모세와 같은 믿음과 순종의 사람이 없어서 어쩌면 전염병이나 기근 혹은 전쟁이나 환경오염 속에서 우리의 돌이킴과 영성을 요구하시는지도 모른다.

하나님을 향한 신뢰성이 떨어지지는 않았는지, 순종이 약해지지는 않았는지 나를 돌아보면서 믿음과 순종의 영양소를 잘 섭취해보자. 그래서 건강한 신앙생활, 영성생활을 이어가길 바란다.

당신의 영성 면역력을 점검하라

영양소
아홉

자기를 부인하고

이에 예수께서 제자들에게 이르시되 누구든지 나를 따라오려거든 자기를 부인하
고 자기 십자가를 지고 나를 따를 것이니라

마태복음 16:24

다윗의 아들 솔로몬은 다윗을 이어 이스라엘의 왕이 되었다. 그런데 당
시 솔로몬은 왕의 반열에 오를 만한 조건을 갖춘 자가 아니었다. 솔로몬의
아버지 다윗은 나라를 다스리면서 정치적인 안정을 위해 결혼 정책을 사용
한 적이 있다. 주변 부족 국가들 중에 아주 유력한 사람의 딸과 결혼함으로
써 동맹관계를 유지한 것이다.

대표적인 예가 압살롬이다. 압살롬은 다윗과 마아가라는 여자 사이에서
태어난 아들이다. 그의 어머니 마아가는 블레셋 지역 남쪽에 거주하던 한

민족의 공주로, 압살롬은 블레셋 남쪽의 그술 지역을 다스리던 왕 달매의 손자가 된다. 다윗이 머물고 있는 예루살렘에서는 압살롬이 힘이 없었지만 그의 어머니 고향인 그술에 가면 왕자의 대우를 받던 유력한 자였다.

그래서 후에 압살롬은 그술 사람들의 도움을 받으며 다윗 왕정을 엎어 버릴 쿠데타를 꿈꾸게 되었다. 압살롬의 쿠데타는 며칠 동안 성공한 듯 보였지만 결국 하나님이 막으셔서 실패로 돌아가고 압살롬은 비참한 죽음을 맞이하게 되었다.

쿠데타는 혼자 할 수 있는 것이 아니다. 동조자들과 지지 세력이 있어야 한다. 그런 면에서 압살롬은 그런 어머니 쪽 사람들의 지지를 얻어낼 수 있는 유력한 왕의 후보였다.

다윗의 노년에 제일 유력했던 차기 왕위 계승자는 아도니야였다. 그는 다윗과 학깃 사이에서 태어난 아들로, 병거와 기병이 있었다. 게다가 당시 군대를 장악하고 있었던 요압 장관이나 종교 지도자 아비아달 등이 그를 지지하고 있었다. 이들은 따로 모여 병든 다윗 몰래 왕위 즉위식을 올렸고, 이 일에 대하여 다윗도 크게 반대하지는 않았을 만큼 어느 정도 인정받고 있던 인물이었다.

반면, 솔로몬은 그 누구도 그가 다윗의 뒤를 이어 왕이 될 거라 예상치 못했던 숨은 인물이었다. 배후 세력이 전혀 없는 외로운 사람이었다. 그의 어머니는 밧세바로, 출신이 좋은 것도 아니고 단지 헷 사람 우리야의 아내로만 소개되는 초라한 여인이었다. 외국인 노동자의 아내 밧세바, 이민 온 외국 사람의 아내 밧세바. 이 밧세바와 다윗 사이에서 태어난 솔로몬은 태생적으로 한계가 너무 많았다. 지지 세력도, 돈도, 인맥도 화려하지 않았다.

당신의 영성 면역력을 점검하라

그런데 그런 그가 하나님의 섭리 가운데 왕이 된 것이다. 이렇게 지지 세력도 없이 왕이 되자 솔로몬은 두려움이 앞섰다. 나라는 너무 넓고 할 일은 많은데, 정적 관계에 있는 사람들은 어떻게 다스려야 할지 몰랐다. 암살의 위험이 도사리고 있는 이때에 어떻게 처신해야 할지도 몰랐다. 국가 경제나 교육, 범죄자와의 전쟁, 외교 문제 등등 해결해야 할 문제들이 한둘이 아니었다. 믿고 물어볼 만한 측근도 없었던 그가 택한 분은 바로 하나님이었다.

솔로몬이 왕이 된 후 처음 한 일은 하나님을 찾아간 것이다. 그는 예배를 드리러 예배당으로 갔다. 넉넉하진 않았지만 그는 빈손으로 가지 않았다. 자기의 입장에서 최대의, 최고의 예물을 드렸다. 그게 양 천 마리였다. 양 한 마리 가격을 적게 잡아 120만원이라고 해도 천 마리면 12억 원이다.

결코 작지 않은 큰 예물을 드리며 하나님께 예배드렸을 때, 감동하신 하나님께서는 솔로몬을 만나주셨고 그가 구한 지혜의 복과 구하지 않은 많은 복들까지도 내려주셨다.

[11] 이에 하나님이 그에게 이르시되 네가 이것을 구하도다 자기를 위하여 장수하기를 구하지 아니하며 부도 구하지 아니하며 자기 원수의 생명을 멸하기도 구하지 아니하고 오직 송사를 듣고 분별하는 지혜를 구하였으니 [12] 내가 네 말대로 하여 네게 지혜롭고 총명한 마음을 주노니 네 앞에도 너와 같은 자가 없었거니와 네 뒤에도 너와 같은 자가 일어남이 없으리라 [13] 내가 또 네가 구하지 아니한 부귀와 영광도 네게 주노니 네 평생에 왕들 중에 너와 같은 자가 없을 것이라

_ 열왕기상 3:11~13

원 플러스 올(One＋All)의 축복이다. 솔로몬은 먼저 그의 나라와 그의 의를 구했고, 하나님께서는 흡족하심의 결과로 엄청난 덤의 복까지 허락해주셨다. 이 '원 플러스 올'의 축복이 우리 모두의 것이 되길 바란다.

너무 큰 은혜를 입은 솔로몬은 참으로 성실하게, 정직하게 빚진 자의 마음으로 왕의 임무를 수행했다. 자기 뜻대로 하지 않고 하나님 뜻대로 살려고 아주 많이 노력했다. 기도를 해도 자기 뜻을 관철시키는 것이 아니라 늘 하나님의 뜻을 먼저 물었다. 아버지 다윗이 그러했던 것처럼 솔로몬은 하나님께 묻는 것을 매우 좋아했다.

기도는 내 뜻을 주장하는 것이 아니라 하나님의 뜻을 분간하는 것임을 기억하라. 바른 신앙인은 자기주장을 하지 않고 하나님의 뜻이 나를 통해 이뤄지길 간구하지만, 그릇된 신앙인은 하나님을 이용해서 그분의 능력으로 자기의 뜻을 이루려 한다.

솔로몬은 바른 신앙인이었다. 자기를 통해 하나님의 뜻이 이뤄지길 기도하며 살았다. 이렇게 살 때 솔로몬은 지혜의 왕이었고 존경을 받았으며 멀리서도 그의 명성을 듣고 사람들이 예물을 들고 찾아올 만큼 잘나가던 하나님의 일꾼이었다.

솔로몬은 철저하게 자기를 부인하며 나의 욕심과 나의 자랑, 나의 뜻을 주장하거나 내세우지 않고 오직 하나님의 영광만을 생각하며 살았다. 그게 바로 자기를 부인하는 삶이다. 내가 아니라 내 안에 계신 하나님이 드러나는 삶이다.

모든 영광을 하나님께 돌리며 살든지 죽든지, 먹든지 마시든지 하나님의 영광을 생각하며 살던 사람! 그 사람이 바로 솔로몬이었다. 예수님께서

당신의 영성 면역력을 점검하라

는 이런 솔로몬의 삶을 한마디로 요약하셨다.

> 이에 예수께서 제자들에게 이르시되 누구든지 나를 따라오려거든 자기를 부인하고 자기 십자가를 지고 나를 따를 것이니라

이 말씀을 하시게 된 배경이 있다. 예수님께서 고난에 대해, 십자가에 대해 말씀을 전하시자 그의 제자 중 베드로가 예수님께 말했다. 절대로 그렇게 하시면 안 된다고. 이 땅에서 잘 먹고 잘 살아야지 왜 고난이나 십자가를 지시고 돌아가신다는 이야기를 하시느냐고. 그때 예수님께서 이르신 말씀이 바로 마태복음 16장 24절 말씀이다.

그러한 맥락에서 자기를 부인하라는 의미는 '나의 뜻대로 되고 싶어 하는 것을 포기하고, 하나님의 뜻이 이뤄지기를 바라라'라는 의미로 해석할 수 있다. 나는 죽고 예수님의 뜻이 살아나는 것, 예수님께서는 바로 그것을 '자기 부인'이라고 가르치신다.

자기를 부인한다는 말은 영어 성경에서 'deny'로 표현한다. 'deny'는 '거절하다'라는 뜻보다는 '허락하지 않는다'라는 뜻이다.

흔히 사업하는 사람들이 'reject(거절하다)'란 말을 쓰는데 이 'reject'라는 말의 반대말은 'accept(수락하다, 받아들이다)'이다. 그런데 'deny'의 반대말은 'admit(허락하다)'이다. 즉, '부인하다'는 말은 '허락되지 않는다'란 뜻이다. 외부에 의해 거절되는 것이 아니라 내가 자의적으로, 내 스스로의 결단에 의해 거절하는 것이 '부인하다'란 뜻이다.

신약성경에 쓰인 희랍어를 봐도 이 '부인하다'란 말은 '내 스스로 이를 인

정하지 않는다'란 뜻이 있다. 다시 말해, 자기를 부인한다는 건 '내 스스로 나의 의지를 꺾는다, 내 욕심을 포기한다'라는 뜻이 있는 단어이다.

예수님께서는 말씀하셨다. 누구든지 나를 따라오려거든 자기를 부인하라고. 너의 뜻과 의지를 모두 꺾어버리고 예수님께서 하시는 말씀에만 순종하고, 하나님의 뜻이라고 생각되는 그 사실을 받아들이며 허락하라고.

솔로몬은 처음에 그랬다. 오직 하나님께만 매달릴 수밖에 없었다. 자신의 뜻은 틀린 경우가 너무 많았다. 지식의 한계, 인맥의 한계, 실력의 한계, 재물의 한계가 너무 많았다. 그래서 더욱 자기의 뜻을 포기하고 자신의 의지를 스스로 꺾은 채 하나님께만 순종하며 살았다. 그래서 그는 참으로 행복한 왕이 되었다.

그런데 세월이 흐를수록 점점 그게 안 되기 시작했다. 어려서는, 젊어서는 내 뜻을 굽히는 게 쉬웠는데 나이가 들수록 내 경험이 우선시되고 내 지식이나 인맥을 더 의지하게 되었다. 그냥 사는 것이 그다지 어렵지 않은데 하나님 말씀까지 들으려니 힘들고 귀찮아진 것이다. 그래서 그는 하나둘 하나님의 말씀으로부터 벗어나기 시작했다. 자기 부인이 되지 않게 된 것이다.

마귀는 이런 솔로몬을 가만두지 않았다. 솔로몬이 하나님의 말씀이 아닌 자기 계획대로, 자기 뜻대로 살아가도록 부추기기 시작했다. 자기를 부인하는 게 아니라 자기 것만을 허락하기 시작했다. 솔로몬은 점점 고의적으로 자기 뜻을 관철시키고, 의도적으로 하나님의 뜻을 멀리하게 되었다.

우리들 중에도 이런 사람이 있다. 처음에는 하나님의 뜻이 우선이고 그분의 뜻을 허락했는데, 점점 내 뜻을 허락하고 하나님의 뜻을 고의적으로

당신의 영성 면역력을 점검하라

거부하는 사람들.

신명기 17장을 보면 왕의 조건들이 나온다. 하나님께서는 직접 말씀하셨지만 왕이 된 솔로몬과 다른 많은 왕들은 이 말씀을 어기기 시작했다.

16 그는 병마를 많이 두지 말 것이요 병마를 많이 얻으려고 그 백성을 애굽으로 돌아가게 하지 말 것이니 이는 여호와께서 너희에게 이르시기를 너희가 이 후에는 그 길로 다시 돌아가지 말 것이라 하셨음이며 17 그에게 아내를 많이 두어 그의 마음이 미혹되게 하지 말 것이며 자기를 위하여 은금을 많이 쌓지 말 것이니라 _신명기 17:16~17

주의사항은 세 가지였다.

첫째, 군사력을 의지하지 않도록 병마를 많이 두지 말고 특히 좋은 말을 사겠다고 애굽에까지 사람을 보내지 말라.

둘째, 하나님께 마음을 두고 살아야 하는데 젊고 예쁜 여자들만 찾다가는 하나님 사랑, 이웃 사랑의 큰 말씀을 어기게 될 가능성이 높으니 아내를 많이 두지 말라.

셋째, 소유가 많아지면 욕심이 점점 커져서 더 많이 모으느라 베풀고 구제하고 선교하란 뜻이 막히니 소유욕도 늘리지 말라.

이 조건들이 당신에게는 어떠한가? 쉬운가, 어려운가? 요즘으로 하면 한 여자하고만 살고, 자동차도 한 대만 타고, 너무 많이 소유하려고 하지 말라는 것이다. 집도 한 채면 족하고 옷도 적당히 사고 음식도 너무 비싸고 맛있는 것만 먹으려고 돌아다니지 말라는 말씀이다.

그런데 성경을 보면 솔로몬은 절제가 잘 되지 않았다. 자기를 부인해야 하는데, 내 스스로의 의지로 그 욕심을 거부하고 내 의지를 꺾고 죄가 들어올 자리를 허락하지 말아야 하는데 솔로몬은 자기 부인이 잘 안 되기 시작했다. 자꾸 욕심이 생겼다. 어려운 백성들의 형편을 돌보지 않고 자기 이익만을 챙기기 시작했다.

성경은 이렇게 기록하고 있다.

> ²⁸ 솔로몬의 말들은 애굽에서 들여왔으니 왕의 상인들이 값주고 산 것이며 ²⁹ 애굽에서 들여온 병거는 한 대에 은 육백 세겔이요 말은 한 필에 백오십 세겔이라 이와 같이 헷 사람의 모든 왕과 아람 왕들에게 그것들을 되팔기도 하였더라 _ 열왕기상 10:28~29

솔로몬은 말을 많이 사왔다. 그것도 애굽에서 사왔다. 자기를 부인해야 할 왕이 자기 욕심을 따라 살게 된 것이다. 내 생각대로 살다 보니 하나님의 말씀이 무시되기 시작했다. 말을 많이 두지 말라고 하셨는데 말을 많이 사기 시작했다. 그뿐만 아니라 여자들을 너무 좋아한 나머지 눈에 보이는 대로 궁으로 데려와 살기 시작했다.

성경은 이렇게 기록하고 있다.

> ¹ 솔로몬 왕이 바로의 딸 외에 이방의 많은 여인을 사랑하였으니 곧 모압과 암몬과 에돔과 시돈과 헷 여인이라 ² 여호와께서 일찍이 이 여러 백성에 대하여 이스라엘 자손에게 말씀하시기를 너희는 그들과 서

로 통혼하지 말며 그들도 너희와 서로 통혼하게 하지 말라 그들이 반드시 너희의 마음을 돌려 그들의 신들을 따르게 하리라 하셨으나 솔로몬이 그들을 사랑하였더라 ³ 왕은 후궁이 칠백 명이요 첩이 삼백 명이라 그의 여인들이 왕의 마음을 돌아서게 하였더라 ⁴ 솔로몬의 나이가 많을 때에 그의 여인들이 그의 마음을 돌려 다른 신들을 따르게 하였으므로 왕의 마음이 그의 아버지 다윗의 마음과 같지 아니하여 그의 하나님 여호와 앞에 온전하지 못하였으니 _ 열왕기상 11:1~4

자기를 부인하고 하나님의 뜻을 세우며 살 때는 신앙생활, 영성생활이 잘 되었는데 하나님의 말씀이 무시되고 내가 살아나니까 신앙생활이 엉망이 되고 현실적인 즐거움과 이익 속에서 하나님이 멀어지기 시작했다.

또한 솔로몬은 돈에 대한 욕심, 소유에 대한 욕심도 점점 커졌다. 넉넉하지 않았을 때는 전 재산과도 같았던 양 천 마리를 드리면서 하나님께 경배를 드렸는데 점점 자기 재산을 채우기에 급급하게 된 것이다.

성경은 이렇게 기록하고 있다.

솔로몬의 세입금의 무게가 금 육백육십육 달란트요 _ 열왕기상 10:14

금 한 달란트의 무게는 약 34kg이다. 그러니까 육백육십육 달란트는 약 22,644kg이다. 금 한 돈에 37.5g, 25만 원가량이니 금 1kg이면 약 266돈, 적게 잡아도 6000만 원이 넘는다. 그러니까 솔로몬이 가진 금은 약 6023304돈, 1조가 넘는 금액이다. 그 당시 노예 한 사람의 가격이 35,000

원 정도였으니 노예 4000만 명을 살 수 있는 돈이었다.

이처럼 더 많은 말, 더 좋은 말, 더 많은 여자, 더 많은 재물을 가지려 했던 자가 솔로몬이었다. 자기를 부인하고 오직 하나님의 뜻만을 존중히 여길 때 솔로몬은 참 행복한 왕이었다. 그러나 자기를 부인하지 않고 자신의 뜻을 더 존중하며 하나님의 뜻을 무시하기 시작했을 때부터 그의 불행은 시작되었다.

그래서 예수님은 말씀하셨다. 자기 뜻을 존중히 여기느라 하나님의 뜻을 무시하지 말고, 하나님의 말씀을 존중히 여기며 그분의 뜻을 세우기 위해 너 자신을 부인하라고. 너 자신의 뜻을 관철시키지 말라고. 여기에 행복이, 평강이, 소망이 있음을 믿으라고.

여기서 우리는 아주 간단한 질문을 스스로에게 해볼 수 있다. 내 뜻은 무엇이고, 하나님의 뜻은 무엇일까? 내가 나에게 원하는 건 무엇이고, 하나님께서 내게 원하시는 건 무엇일까?

성경은 이 질문의 답을 우리에게 자세히 가르쳐주고 있다. 먼저 내가 원하는 것은 무엇인가?

[19] 육체의 일은 분명하니 곧 음행과 더러운 것과 호색과 [20] 우상 숭배와 주술과 원수 맺는 것과 분쟁과 시기와 분냄과 당 짓는 것과 분열함과 이단과 [21] 투기와 술 취함과 방탕함과 또 그와 같은 것들이라 전에 너희에게 경계한 것 같이 경계하노니 이런 일을 하는 자들은 하나님의 나라를 유업으로 받지 못할 것이요 _ 갈라디아서 5:19-21

당신의 영성 면역력을 점검하라

지옥으로 가기 딱 알맞은 것들이 내 안에 있다는 말씀이다. 이 성경말씀은 우리가 짓는 죄를 네 부류로 구분하여 설명하고 있다.

첫째는 육체의 일 가운데 제일 흔히 일어날 수 있는 음행, 더러운 것, 호색을 지적한다. 정상적이지 않은 비성경적인 성행위들을 말한다. 즉, 순결에 반대되는 개념들이다. 더 나아가 육체적 불결함뿐만 아니라 마음속에 있는 도덕적인 불순함까지도 모두 의미하는 말이다. 억제할 수 없는 육욕이라는 뜻도 있으며, 무절제를 의미하기도 한다. 변태적 성욕, 동성연애를 뜻한다. 그런 일을 하면서도 양심의 가책을 느끼지 않는 것, 그게 바로 음행과 더러운 것과 호색이다. 오늘날 대한민국에 만연되어 있는 범죄들 중 하나이지 않은가.

둘째는 우상숭배와 술수이다. 이는 불신앙의 죄, 즉 종교적 범죄를 의미한다. 거짓 신들을 숭배하는 일과 마술과 같은 속임수를 통해서 사람들의 마음을 하나님으로부터 멀어지게 했던 당시 그릇된 종교 숭배자들을 지적하는 죄악들이다.

셋째는 대인관계에서 발생하게 되는 죄들이다. 왠지 싫은 사람이 생기고, 끼리끼리 모이게 되고, 서로 당을 지어 시기하는 것을 말한다. 원수 맺는 것과 분쟁과 시기 속에서 파당이 생기고 자연스레 분리가 된다. 파를 나누어 따돌리고 적개심이나 개인적인 증오심 등에 의해 나타나는 외부적인 갈등으로 원수를 맺게 된다. 가까이 가고 싶지 않은 것이다.

넷째는 술과 관련된 죄악들이다. 술 취함과 방탕함을 말한다. '방탕함'에 해당되는 희랍어 '코 모이'는 헬라 문헌에서 원래 술의 신 바쿠스나 기타 다른 신을 기리는 뜻에서 만찬 후에 행하는 떠들썩한 야간 행렬을 의미하거나 밤늦게까지 취흥을 탐닉하는 연회와 술잔치를 뜻하는 말이다.

과연 이러한 죄들로부터 자유롭다고 말할 수 있는 사람이 몇이나 될까? 이러한 모습이 바로 우리가 원하는 것이 아닐까. 내 마음대로 내 뜻대로 내 몸이 원하는 대로, 세상 흘러가는 대로 살아가는 삶.

그래서 예수님께서는 말씀하셨다. 네 안에 있는 그 죄의 습성들, 육체의 소욕을 먹이 줘서 키우지 말고 따르지 말고 부인하라고. 그것들을 용납하거나 의도적으로 허락하지 말라고. 자기를 부인하라는 말씀은 그런 의미이다.

너희가 예수님의 제자라고 생각되거든 누구든지, 너희가 하나님의 자녀라고 생각되거든 누구든지 자기를 부인하라고 말씀하신다. 그러나 이게 잘 되지 않는다. 그래서 늘 기도해야 한다.

"성령님, 도와주세요. 나를 부인하고 자기 십자가를 지고 주님을 따를 수 있도록 성령님이 나를 지배해주세요. 가정에서, 직장에서, 교회에서 내 고집과 내 뜻대로 살지 않게 하시고 성령님의 지배하심 속에 살도록 나를 지배해주세요."

이 기도가 당신의 삶에서 끊어지지 않기를 바란다.

솔로몬은 자신을 부인하는 일을 잘 하지 못하게 되었다. 너무나 자연스럽게 내 뜻을 이루기 위해 하나님을 이용하기 시작했다. 하나님의 뜻을 알면서도 자꾸만 하나님의 뜻을 포기하고 육체의 소욕을 따르니 하나님께서는 솔로몬을 점점 초라하게 만드셨고, 그의 노년에는 하루도 근심이 없는 날이 없었다.

성령님의 도우심 속에 못된 죄악의 사슬을 끊어버리고 육체의 소욕을

당신의 영성 면역력을 점검하라

과감하게 거절할 수 있는 믿음의 사람들이 되기를 바란다.

그렇다면 하나님께서 원하시는 건 무엇일까?

가만히 생각해보면 우리는 하나님의 뜻도 내 뜻만큼이나 잘 알고 있지만 모른 척하고 있다. 하나님의 뜻을 설명하고 있는 성경구절은 많이 있다. 예를 들어보자.

> ¹²이스라엘아 네 하나님 여호와께서 네게 요구하시는 것이 무엇이냐 곧 네 하나님 여호와를 경외하여 그의 모든 도를 행하고 그를 사랑하며 마음을 다하고 뜻을 다하여 네 하나님 여호와를 섬기고 ¹³내가 오늘 네 행복을 위하여 네게 명하는 여호와의 명령과 규례를 지킬 것이 아니냐 _ 신명기 10:12~13

하나님을 경외하고 모든 도를 행하며 그분을 사랑하고 마음을 다해 섬기라고 하신다. 나아가 하나님께서 나의 행복을 위해 명하시는 명령을 잘 지키라고 말씀하신다. 그게 하나님의 뜻이다.

> ⁸그러므로 너희는 내가 오늘 너희에게 명하는 모든 명령을 지키라 그리하면 너희가 강성할 것이요 너희가 건너가 차지할 땅에 들어가서 그것을 차지할 것이며 ⁹또 여호와께서 너희의 조상들에게 맹세하여 그들과 그들의 후손에게 주리라고 하신 땅 곧 젖과 꿀이 흐르는 땅에서 너희의 날이 장구하리라 _ 신명기 11:8~9

단순하게 여러 가지를 생각하거나 계산하지 말고 그냥 말씀에 순종하라고 하신다. 하나님의 말씀은 곧 군대에서 상관이 내리는 명령이라고, 무조건 따라야 하는 명령이기에 하기 싫어도 믿고 그냥 따르라고 하신다.

그것이 하나님의 뜻이다. 순종하는 것! 그러면 하나님께서 나의 힘이 되어주심으로 내가 약자가 아닌 강자가 될 것이고, 나그네가 아닌 정착민이 되며 나의 생명이 오래 이어질 거라고 말씀하신다.

하나님 뜻은 이것이니 너희의 거룩함이라 곧 음란을 버리고
_ 데살로니가전서 4:3

비록 세상은 성폭력, 비정상적인 성행위, 음담패설, 약자를 향한 괴롭힘이 가득하고 분배의 불균형으로 양극화가 빠르게 진행되겠지만 하나님을 믿는 우리들만이라도 그것에 휩쓸리지 말고, 세상의 흐름을 거슬러서 하나님의 뜻에 맞는 구별된 삶을 살아가라고 강조하신다.

그것이 하나님의 뜻이다. 직장을 구할 때도 돈이 기준이 아닌 신앙생활이 가능한 직장인지를 따져보는 것, 사람을 사귈 때도 외모가 기준이 아닌 이 만남을 통해 나와 상대방이 하나님과 더욱 친밀해질 수 있는지를 먼저 따져보라는 것이다.

그것이 거룩함이다. 세상에 섞이지 않고 구별되어 사는 것, 내 육체의 욕심을 따라 사는 것이 아니라 그 모든 것들을 의도적으로 거부하고 하나님의 뜻대로 살아보려는 것.

당신의 영성 면역력을 점검하라

³⁷ 예수께서 이르시되 네 마음을 다하고 목숨을 다하고 뜻을 다하여 주너의 하나님을 사랑하라 하셨으니 ³⁸ 이것이 크고 첫째 되는 계명이요 ³⁹ 둘째도 그와 같으니 네 이웃을 네 자신같이 사랑하라 하셨으니

마태복음 22:37~39

하나님의 뜻을 모른다고 하지 말라. 성경에 너무 많이, 분명하게 나와 있다. 내가 내리는 지금 이 결정이 하나님을 사랑하고 이웃을 사랑하는 결정인가? 그럼 그것이 하나님의 뜻임을 믿길 바란다.

직장을 선택하고 사람을 만나고 사회에서 어떤 처신을 해야 할 때, 어떻게 해야 될지 모르겠거든 간단한 기준을 세워라.

"무엇이 하나님을 사랑하고 이웃을 사랑하는 데 도움이 될까?"

"내가 연약한 부분은 어디인가?"

"내가 지켜내는 말씀은 무엇이고, 거부하고 싶지 않은 육체의 뜻은 무엇인가?"

우리는 이미 하나님의 뜻도, 내 육체의 뜻도 다 알고 있다. 지금 이 순간부터 나의 뜻을 부인하고 하나님의 뜻을 존중히 여기는 우리들이 되길 바란다. 지금 이 순간부터 예수님의 말씀처럼 자신을 부인하고 자기 십자가를 지고 예수님의 사랑의 길에 동참할 수 있는 믿음의 제자들이 되기를 기도한다.

영양소
열

영적 체험

얼마 전 대학교 동문 모임이 있었다. 특별 게스트로 나보다 15년 후배인
구자억 목사님이 초대되어 1시간 넘게 공연을 했다. 뽕짝 목사님으로 유명
한 분의 공연을 통해 참 은혜롭고 많이 웃는 시간을 보냈다. 그 목사님의
어머니가 트로트 가수인 나훈아를 너무 좋아하셔서 어릴 때부터 트로트 속
에서 자라 이렇게 되었다며, 찬송가도 트로트풍으로 불렀다. 또 어떤 트로
트 노래는 개사를 해서 찬송가로 부르기도 했는데, 첫 곡으로 나훈아의 '영
영'을 불렀을 때 참 마음에 와 닿았다.

♪잊으라 했는데 잊어달라 했는데 그런데도 아직 난 너를 잊지 못하네
어떻게 잊을까 어찌하면 좋을까 세월 가도 아직 난 너를 못 잊어하네
아직 나는 너를 사랑하고 있나 봐 아마 나는 너를 잊을 수가 없나 봐
영원히 영원히 네가 사는 날까지 아니 내가 죽어도 영영 못 잊을 거야

이 노래를 개사를 해서 이렇게 불렀다.

♪믿으라 했는데 믿어보라 했는데 그런데도 아직 넌 주님 믿지 못하네
어떡하면 믿을까 어찌하면 좋을까 세월 가도 아직 넌 주님 못 믿어
우리 주님 너를 사랑하고 있잖아 우리 주님 너를 기다리고 있잖아
영원히 영원히 네가 사는 날까지 아니 네가 죽어도 영영 변치 않을
그 사랑

일주일 내내 이 가사가 입에서 맴돌았다.

우리가 잘 믿으면 죄도 덜 짓게 되고 이 땅에서 행복하고 감사하고 웃고 평화롭게 사는 것을 마귀도 알고 있다. 그래서 마귀는 우리의 건강한 삶을 빼앗으려고 병균을 집어넣는데, 그건 바로 '의심'이다.

의심이 생기면 말씀이 안 믿어진다. 하나님의 말씀을 아무리 들어도 안 믿어지고 그냥 잊어버리게 된다.

예수님께서도 말씀하셨다. 말씀이 우리들의 마음 밭에 떨어지면 그 떨어진 씨앗을 마귀가 물어가서 열매 맺지 못하게 한다고.

당신의 영성 면역력을 점검하라

아무나 천국 말씀을 듣고 깨닫지 못할 때는 악한 자가 와서 그 마음에 뿌려진 것을 빼앗나니 이는 곧 길 가에 뿌려진 자요 _ 마태복음 13:19

이 모든 것을 살피신 하나님께서는 우리들이 마귀에게 말씀을 빼앗기지 않고 좋은 열매를 맺을 수 있도록 아주 많은 영양소들을 주셨는데, 그중 하나가 '영적인 체험'이다.

"말씀대로 살았더니 이렇게 되었다"라는 간증이 있게 하신다. 지금 믿음의 상태가 요동 없이 꾸준한 사람들의 대부분은 과거에 이런 간증이 많이 있던 분들일 수 있다.

"내가 이 말씀을 이렇게 믿었더니 하나님께서 이렇게 해주셨다."

흔히 말하는 '역사적 사실'과 다르게 하나님의 말씀은 살아 있고 운동력이 있어 온전한 믿음으로 그 말씀을 믿으면 성경 속의 이야기는 오늘 나의 이야기가 될 수 있다.

영적 체험이 있는 믿음! 하나님께서는 우리들이 강한 믿음의 사람이 되기를 원하셔서 영적 체험을 하게 하시고, 우리는 그 체험을 통해서 믿음을 더욱 키워나가게 된다.

이렇게 흔들림 없는 믿음의 길이 계속 이어지다 보면 '강한 믿음 → 영적 체험 → 더 강한 믿음 → 영적 체험 → 더욱더 강한 믿음 → 영적 체험'의 반복 속에 살아가게 된다.

그래서 요한 웨슬리 목사님은 참 신앙인들은 4가지 균형 잡힌 기둥 위에 신앙의 집을 지어야 한다고 말씀하시면서 성경, 전통, 이성, 체험을 이야기하셨다. 성경에서 벗어나도 안 되고, 전통에서 너무 벗어나도 안 되고, 이성적인 판단에서 벗어나도 안 되고, 체험 없는 신앙은 안 된다는 것이다. 성경, 전통, 이성, 체험이 균형을 이루어야 든든한 반석 위에 믿음의 집을 짓게 된다.

체험하려면 일단 알아야 한다. 말씀이 믿어져야 한다. 믿으면 행동하고 싶어지고, 행동하다 보면 체험하게 된다.

구약성경 여호수아서에 보면 이런 이야기가 나온다.

애굽에서부터 출발한 이스라엘 백성이 40년이라는 긴 세월을 광야에서 지내다가 드디어 목적지인 가나안 땅을 바라보게 되었다. 그동안 그들을 이끌어 왔던 모세라고 하는 지도자는 죽었고, 그의 후임으로 여호수아 장군이 임명되어서 가나안 땅 앞에 섰다. 그들은 하나님의 도우심과 기적으로 요단강을 건넜고, 본토에 상륙해서 첫 성인 여리고를 상대하고 있다.

여리고는 난공불락의 성으로 도저히 그냥은 함락할 수 없는 철옹성이었다. 그렇다고 그 성을 통과하지 않고 가나안으로 들어갈 수는 없었다. 어떻게 해서든지 저 성을 점령해야 했다.

영화에서 보던 것처럼 큰 나무를 들고 성문을 부수고, 사다리를 놓거나 토성을 쌓아 성벽을 기어오르고, 화살을 쏘기에는 너무 많은 희생을 치러야 했다. 또 그 희생의 대가로 성이 함락된다는 보장도 없는 큰 난관 앞에서 여호수아와 이스라엘 백성은 서로 의견 충돌을 빚고 있었다. 더군다나 40년 동안 광야에서 지친 이스라엘 백성들로서는 힘으로 그 성을 정복한다는 것이 불가능했다.

이때 여호수아 장군은 믿음을 사용한다. 하나님을 무한 신뢰하며 기도

하기 시작한 것이다. 그때 하나님께서 주신 작전은 그냥 그 성을 하루에 한 바퀴씩 6일간 돌라는 것이었다. 그리고 마지막 7일째 되는 날은 일곱 바퀴를 돈 후에 고함을 지르라고 하셨다.

말도 안 되는 방법이지 않은가. 100퍼센트 실패할 것 같은 방법이었다. 비무장 상태로 성 앞을 돌 때 여리고 성의 강한 군사들이 말을 타고 공격해 들어오면 꼼짝없이 개죽음을 당할지도 모르는 상황이었다.

그런데도 여호수아는 하나님을 무한 신뢰하며 절대적인 믿음으로 순종한다. 혹시나 백성들 중에 불평하거나 원망하고 의심하는 사람이 있다 해도 절대 입 밖으로 그 소리가 나오지 않도록 침묵을 명령했다.

마음속으로 생각하는 것은 가능하지만 이것이 입 밖으로 나오면 죄가 되는 경우가 있다. 신세한탄도 자주 하다 보면 그런 인간이 되어버린다. 스스로를 위로한다고 신세타령하다가 그런 사람이 되어버리는 경우가 너무나 많다. 그래서 성경은 범사에 감사를 고백하라고 한다.

여호수아는 절대적인 믿음을 가지고 있었지만 그렇지 않은 사람들은 침묵이라도 하라면서 엄청난 작전을 감행했다.

하루를 돌았는데 아무 이상이 없었다. 여리고 성 사람들의 공격도 없었고, 성벽이 무너질 조짐도 보이지 않았다. 2일, 3일, 4일, 5일, 6일 동안 매일 한 바퀴씩 돌았는데도 아무런 징조가 없었다. 성벽이 갈라지지도, 성문에 작은 구멍조차 나지 않았다.

그럼에도 여호수아는 7일째 되던 날, 떨며 두려워하는 백성들을 위해 기도하고 가르치면서 일곱 바퀴를 돌았다. 그리고 큰 함성을 질렀다.

그랬더니 하나님께서 일하기 시작하셨다. 그 과정을 지켜보신 하나님,

그 함성을 들으신 하나님께서 그들의 간절함과 순종을 기억하시고 지진을 일으키셔서 여리고 성벽을 무너뜨리신 것이다.

또한 여리고 성의 사람들에게 하나님을 두려워하는 마음을 주셔서 도망가게도 하셨다. 결국 여호수아와 이스라엘 백성들은 큰 승리를 거두게 되었고, 하나님을 찬양했다. 그들은 이 영적인 체험 속에서 믿음이 더욱 커지게 되었고 그 모든 영광과 감사를 하나님께 올리게 되었다.

이런 간절함과 승리와 체험과 고백은 일회성으로 그치는 것이 아니다. 정도의 차이는 있을지라도 오늘날 우리의 삶 속에도 이어지고 있음을 믿고 나아가야 한다.

이 같은 영적인 체험이 있는 사람들은 간절함이 있어야 한다. 그뿐 아니라 말씀도 알아야 하고 용기도 있어야 하며 기도와 순종도 해야 된다.

이런 과정을 통해서 형성된 영적인 체험은 나를 더 강하게 하고 어떤 상황 속에서도 하나님을 향한 신뢰의 탑을 무너뜨리지 않는 바른 신앙인이 되게 한다. 모든 영광과 감사를 하나님께 돌리는 우수한 신앙인이 되게 하는 것이다.

믿음 생활은 지식만 가지고 하면 안 된다. 이성적인 한계를 넘는 체험이 있어야 한다. 기도하다가 울어도 보고, 회개하면서 용서의 확신도 얻어보고, 말씀을 듣다가 결심도 해봐야 한다. 또 방언 기도를 사모하다 받아보고, 병 고침과 부유함의 은사도 경험해봐야 한다. 체험 없는 신앙, 고백 없는 신앙은 그리 오래 버티지 못한다.

학자들은 사람을 움직이게 하는 힘의 근원으로서 몇 가지를 이야기한다.

첫째는 '경제적인 힘'이다. 즉, 돈의 힘을 말한다. 돈으로는 못할 것이 없기에 돈은 꼭 필요하며, 부자가 힘의 상징으로 표현되고 있음은 부인할 수 없는 사실이다. 돈이 있으면 힘을 쓰고, 돈 있는 사람이 이기게 된다.

그러나 그보다 더 큰 힘은 '지식의 힘'이다. "아는 것이 힘이다!"란 말은 옳은 말이다. 현대는 기술의 시대로서 아는 자가 결국 모르는 자를 이기게 되어 있다. 모르면 힘이 없고 무능해질 수밖에 없기 때문이다.

그러나 아무리 지식이 있다 해도 처음 하는 일에는 자신 없는 법, 그래서 지식보다 '경험의 힘'이 더 크다. 초행길은 언제나 두렵고 이리저리 헤매게 된다. 그러나 늘 다니던 길은 눈을 감고서도 찾아갈 수 있다. 또한 처음 하는 일은 서툴고 자꾸만 일을 그르치지만 익숙하도록 경험한 일은 자신이 있고 힘이 있는 법이다.

학자들은 마지막으로 '사랑의 힘'을 이야기한다. 사랑하면 힘이 나고, 사랑하는 사람을 위해서 일할 때는 못할 것이 없다.

그러나 인간은 이러한 힘만으로는 살 수가 없다. 한 차원 높은 또 다른 힘이 있는데, 특히 크리스천들에게는 '믿음의 힘'이 있다. 경제적 능력, 지식의 힘, 경험과 도덕적인 용기 위에 믿음이 있어야 하는 것이다. 이 믿음을 출발점으로 해서 그 위에 경험과 지식, 재물이 쌓일 때 더욱더 강한 힘이 된다.

그런데 이러한 믿음은 처음부터 굳건하게 자리잡지 않는다. 희미하다. 의심과 동행하며 오기 때문에 믿었다가 안 믿었다가 한다. 성경 속 믿음의 사람들도 마찬가지였다. 단, 차이가 있다면 그들은 신앙적인 체험을 요구했고 그 체험의 과정 속에서 점점 믿음의 사람으로 자리잡아 갔다는 것, 그리고 변화의 삶을 살게 되었다는 것이다.

구약성경 사사기에 나오는 인물, 기드온을 기억할 필요가 있다. 그가 살고 있던 때는 미디안이라는 강력한 부족이 나타나서 이스라엘 사람들을 마구 괴롭히던 시대였다. 농사를 지으면 농부가 거둬가기 전에 미디안 부족에게 먼저 약탈당하던 시대였다. 먹을 것도 없고, 자유롭게 돌아다니기도 어려운 시대였다.

하나님을 향한 절대적인 믿음과 순종이 부족하던 그 시대에, 기드온이라는 사람이 어느 날 미디안 사람들의 눈을 피해서 농작물을 거두고 있었다. 그때 갑자기 하나님의 천사가 나타나서는 기드온을 부른다. 하나님께서 이스라엘 사람들을 미디안의 폭정 속에서 건져내시려고 너를 택하셨으니 이제 마음의 준비, 몸의 준비를 단단히 하라는 것이었다. 그러고는 우선 미디안 사람들이 살고 있는 곳에 가서 그들이 섬기는 우상을 때려 부수라고 말씀하신다. 덜컥 겁이 난 기드온은 이렇게 대답한다.

"저는 믿음이 없고 용기가 없습니다. 보십시오! 지금도 미디안 사람들에게 들킬까 봐 이렇게 몰래 숨어서 농작물을 거두고 있지 않습니까!"

천사는 다시 강권한다. 그래도 이 시대에 너 만한 사람조차도 없으니 어서 너라도 일어서서 준비를 하라! 기드온은 더 이상 거절할 수 없음을 알고 엉뚱한 이야기를 한다.

"그런데 당신은 천사가 아니고 천사로 가장한 미디안 군사일 수도 있으니 내게 당신이 하나님이 보내신 천사라는 증거를 좀 보여주세요."

그러자 천사는 속히 이곳에 제물을 가지고 와서 하나님께 제물을 놓고 예배를 드리라고 말한다. 그래서 기드온이 짐승을 잡아 제물로 놓고 예배를 드리는데 천사가 지팡이를 대자 불이 붙으면서 제물이 다 타버렸다.

당신의 영성 면역력을 점검하라

깜짝 놀란 기드온은 정신이 번쩍 났다. '아, 진짜구나! 하나님께서 나를 통하여 이스라엘을 구원하시길 원하시는구나!' 영적인 체험을 시작한 것이다.

그래서 그는 말씀을 믿고 순종하기 위해 적진으로 가려고 다짐하지만 여전히 용기가 나질 않았다. 혼자 가기가 너무 두려웠다. 그렇다고 하나님의 말씀인데 안 갈 수도 없었다. 그래서 친구들 몇 명을 불러 작전을 짜고 밤이 되기를 기다렸다가 몰래 미디안 사람들이 섬기는 우상의 산당에 들어가서 바알의 신상과 아세라 신상을 부수고 도망쳤다.

미디안 진영에서는 난리가 났다. 신당에 들어와서 신상을 깨뜨린 범인을 잡겠다고 난리였다. 기드온은 혹시 잡히지 않을까 걱정하고 있었는데 함께 갔던 친구 중에 한 사람이 소문을 냈다. "기드온이 그랬어요!"

그러자 이스라엘 진영에서는 반대로 영웅이 탄생했다고 난리였다. 그동안 우리가 계속 미디안에게 당하고 살았는데 기드온을 앞세워 한판 붙어보자는 사람들이 생겨났다.

그리고 무명의 농사꾼 기드온에게 여룹바알이라는 별명도 지어주었다. 다른 사람들에게 기드온이라고 이야기해 봐야 아무도 모르니까, 영웅 한 사람이 나타났는데 그는 우상 바알을 때려 부순 사람이라는 의미에서 '여룹바알'이라고 별명을 붙여준 것이다.

이제 기드온도 더 이상은 망설일 수 없었다. 미디안과의 전면전을 치러야 하는데 도저히 용기가 나질 않았다. 체험이 너무 없었다. 지식은 있고 믿음도 생겼지만 경험이 없는 것이다. 전쟁을 앞둔 날, 기드온은 하나님께 또 기도한다.

"하나님, 아무래도 자신이 없습니다. 도대체 용기가 나질 않아요. 그러니 제게 한 번만 더 기적을 보여주세요. 제가 오늘 저녁에 양털을 한 뭉치 모아서 마당에 놓고 잘 테니까 다른 곳은 바싹 말라 있고, 제가 놓은 양털에만 이슬이 내리고 비가 오게 해주십시오! 그러면 하나님께서 전쟁을 승리로 이끄실 줄 제가 믿고 순종하겠습니다."

하나님은 어떻게든 일을 해보려는 기드온을 기특하게 여기시고 그날 기드온의 말대로 주변에는 물기가 없게 하시고 양털에만 이슬이 촉촉하게 하셨다.

이제 기드온은 확신을 갖고 전쟁에 나가면 되는데 죽을까 봐 또 다시 두려워졌다. 그래서 다시 하나님께 기도한다.

"하나님, 한 번만 더 말씀드립니다. 오늘 밤에는 제가 양털을 또 어제처럼 마당에 둘 것이니, 이번에는 주변은 물이 촉촉하고 양털은 바싹 말라 있게 해주세요."

기드온을 가엾게 여기신 하나님께서 다음 날 기드온의 말대로 해주셨다.

성경은 이렇게 표현하고 있다.

[39] 기드온이 또 하나님께 여쭈되 주여 내게 노하지 마옵소서 내가 이번만 말하리이다 구하옵나니 내게 이번만 양털로 시험하게 하소서 원하건대 양털만 마르고 그 주변 땅에는 다 이슬이 있게 하옵소서 하였더니 [40] 그 밤에 하나님이 그대로 행하시니 곧 양털만 마르고 그 주변 땅에는 다 이슬이 있었더라

이제 영적인 체험을 통해서 서서히 하나님을 알아가게 된 기드온은 민

　　　　　당신의 영성 면역력을 점검하라

음이 더욱 커지기 시작했다. 그래서 그는 전쟁을 선포하고 군사를 모았다. 그리고 결국 대승을 거두게 된다.

우리들에게는 믿음에 근거한 영적인 체험과 간증이 필요하다. '내가 하나님을 이렇게 믿었더니 하나님께서 이렇게 해주시더라'라는 간증이다. '내가 말씀을 믿고 이렇게 행동했더니 이런 일이 있더라'라는 경험이다. 그러려면 말씀을 믿어야 하고 행동에 옮겨야 되고 경험해 봐야 한다.

주일 성수해라, 십일조 생활 잘 해라, 구제와 선교에 열심을 내라, 하나님을 사랑하고 이웃을 사랑하라, 예배를 온전히 드려라! 이 말들에는 다 이유가 있다. 성경에도 기록되어 있지만 오랜 세월 내 몸으로, 내 삶으로 임상실험을 해본 결과 그 모든 것이 사실임이 증명되었기 때문이다.

신앙생활을 하면서 하나님과의 관계도 중요하지만 교인들과의 관계도 대단히 중요하다. 그러니 서로 관심을 가지고 다가가고 돌보며 살아야 한다. 왜 그래야 할까? '말씀을 믿고 그대로 살았더니 그것이 진리더라'라는 간증들, 영적인 체험들이 자꾸 생겨나야 하기 때문이다.

내가 처음 목회를 할 때 어떻게 해야 하는지, 어떻게 해야 목사 노릇을 잘하는 것인지 몰랐다. 그래서 기도하고 또 기도하며 선배들을 찾아다니면서 물어봤었다. 그때 하나님께서 내게 주신 음성이 하나 있는데, 잠언 27장 23절 말씀이다.

네 양 떼의 형편을 부지런히 살피며 네 소 떼에게 마음을 두라

이 말씀이 믿어졌다. '아! 지금 우리 교회는 10명의 교인들이 나오고 매년

적자에 시달리는 미자립 개척교회지만 이 말씀대로 살면 하나님께서 교회를 친히 운영하시고 하나님의 영광의 도구가 되게 하시겠구나!' 하는 믿음이 생겼다. 그래서 늘 이 말씀대로 살려고 나름의 노력을 하고 살았다.

지난 주간에도 우리 교회에 오신 지 얼마 안 되는 두 가정과 저녁식사를 함께 하며 이런 저런 대화를 나누고 좋은 시간을 가졌다. 또 동문 모임이 있어 속초에 내려갈 일이 있었는데 가는 길에 인제 시내에서도 30분 이상 떨어져 있는 중고등학교 보건 선생님으로 계시는 우리 교회 집사님을 뵈러 갔다. 그 먼 곳에서도 거의 매주 교회를 나오시는 분이다. 부목사님과 그곳에 들러 저녁식사를 함께 했다. 동문들 모임도 중요하지만 내 마음이 양 떼와 소 떼에서 멀어지지 않으려고 애를 쓰고 산다. 다음 날 새벽 일찍 올라와서는 동네 주민들에게 토스트와 샌드위치를 나눠드리는 일을 함께 하고 김밥과 라면을 같이 먹었다. 참 행복한 시간들이었다.

언제나 잊지 않으려는 말씀이기에 사무실 벽에다가 붙여 놓았다. '네 양 떼의 형편을 부지런히 살피며 네 소 떼에게 마음을 두라!' 그리고 이 말씀대로 살아가기 위해 애를 쓰며 살아간다.

그러고 살았더니 참 행복한 목사가 되었다. 후배 목사님들에게 "내가 이 말씀을 믿고 이렇게 살았더니 하나님께서 나를 이만큼 행복하게 해주시더라!"라고 간증할 수 있었다.

신앙의 집은 4개의 기둥 위에 지어진다. 성경, 전통, 이성, 경험.

이 4개의 기둥 중에 하나라도 빠지면 집은 무너진다. 요즘에는 이 영적인 체험이 많이 없어진 것 같다. 그러나 이 영적 체험은 크리스천들에게 정말 중요하다. 믿음을 가지고 살면서 믿음이 현실이 되는 영적인 체험을 해

당신의 영성 면역력을 점검하라

보길 바란다.

듣지 않으면 안 된다. 자꾸 듣고 믿어야 한다. 믿음이란 단어는 명사 같지만 사실 동사이다. 믿음은 반드시 행동이 뒤따르게 되어 있기 때문이다.

이 행동 속에서 우리는 체험을 하게 된다. 십일조의 경험, 나눔의 경험, 간절한 예배의 경험, 부르짖는 기도의 경험, 뜨거운 찬양의 경험, 참고 또 참는 경험, 기다리고 기다리는 경험. 우리가 해야 할 성령의 은사와 관계된 경험이나 성령의 열매와 관계된 경험도 매우 많다.

문제는 행동하는 믿음이다. 지식적인 차원이 아니라 내 몸으로 살아보는 말씀들이다. "내가 이 말씀을 믿었더니 하나님께서 내게 이렇게 해주셨다!" 이 고백이 있는 사람은 흔들림 없이 강건하게 믿음의 길에 설 수 있다.

예수님은 "말세에 믿는 자를 보겠느냐?"라고 말씀하셨다. 말세에 영적인 체험을 가지고 흔들리지 않는 믿음으로 하나님 사랑, 이웃 사랑의 삶을 사는 이를 보겠느냐는 말씀이다. 천국에 대한 소망으로 이 땅에서의 한숨과 절망, 슬픔과 피곤함을 이길 수 있는 사람이 있겠느냐는 말씀이다.

이때, "제가 여기 있습니다. 믿음과 체험, 체험과 믿음이 연속되는 과정을 통해서 하나님에 대한 신뢰가 커지고, 하나님의 영광을 위해 사는 사람이 여기 있습니다!"라고 자신 있게 손을 들 수 있는 믿음의 사람들이 되길 기도한다.

Part 4

실천하는
그리스도인이
되기 위해 필요한
영양소

용서

⁵¹ 요셉이 그의 장남의 이름을 므낫세라 하였으니 하나님이 내게 내 모든 고난과 내 아버지의 온 집 일을 잊어버리게 하셨다 함이요 ⁵² 차남의 이름을 에브라임이라 하였으니 하나님이 나를 내가 수고한 땅에서 번성하게 하셨다 함이었더라

창세기 41:51~52

나는 소위 모태신앙인이다. 부모님께서 나를 낳으셨을 때 두 분 모두 교회에 다니던 분들이셨다. 그렇게 나는 자연스럽게 나의 의지와는 관계없이 어릴 때부터 교회를 다니게 되었다. 등에 업혀서도 갔을 테고, 걸어서도 갔을 테지만 기억에는 없다. 아마 지금 교회에 다니는 유아들도 그럴 것이라 생각된다.

교회와 관련된 첫 기억은 초등학교를 다니던 어느 때였다. 수요예배가 있는 것처럼 내가 다니던 교회에서는 아동부들을 위한 목요예배가 있었다. 매주 목요일 저녁이면 어머니께서 형과 함께, 때로는 동생도 함께 목요예배에 데리고 가셨다. 마룻바닥에 방석도 없이 무릎을 꿇고앉아 있었던 기억이 있다. 주일이 되어 온 가족이 함께 교회에 가면 교회 입구에서 아버지는 왼쪽으로 어머니는 오른쪽으로 갈라져 들어갔다. 70년대 초에는 남자들과 여자들이 앉는 자리가 엄격하게 구분되어 있었기 때문이다.

그 후에도 이사를 해서 몇 번 교회를 옮겨 다니게 되었고, 그렇게 20여 년이 흐르면서 서서히 내게는 믿음이라는 것이 생겼다.

'아, 하나님이 진짜 살아 계시는구나. 성경 속에 나와 있는, 어릴 때부터 귀에 닳도록 들었던 바로 그 하나님께서 여전히 살아 계시는구나.'

이게 믿어지기 시작했다. 어느 날 갑자기가 아니라 서서히 굳어진 것이다.

또 어느 날은 그 하나님께서 나를 사랑하고 계심이 믿어졌다. 이 세상의 친구들은 다 나를 버리고 떠난다 해도, 절대로 떠나지 않으시고 영원히 함께 계시는 분이 바로 하나님이심을 알게 되었다.

어느 날은 천국과 지옥이 믿어졌다. 영적인 세계에 눈이 떠졌다. 신학대학, 신학대학원을 졸업하고 목사로 살면서도 이러한 변화는 계속됐다. 하루아침에 일어난 변화가 아니다.

이것을 요한 웨슬레 목사님은 완전을 향한 과정이라고 표현하시며 그리스도인의 완전이라고 이야기하셨다. 한 계단 한 계단 오르는 것이다. 믿음이 깊어지고 하나님과 친밀해지고 말씀이 믿어지고 기쁨과 평안이 찾아오고 의롭게 살고 싶은 결심도 일어나게 된다. 의와 평강과 희락도 경험하게 된다.

아마 어릴 때부터 교회를 다닌 많은 사람들이 이 과정을 자연스럽게 겪

당신의 영성 면역력을 점검하라

으리라 생각된다. 확실하지는 않지만 '하나님이 계시는구나, 나를 사랑해주시는구나, 천국과 지옥이 있구나. 믿고 말씀대로 살다보면 내 신앙도 점점 자라겠구나.' 하는 막연한 기대가 자연스럽게 다가왔을 것이다.

성경을 보면, 예수님을 믿고 나면 여러 가지 변화가 일어남을 강조하고 있다. 예를 들면, 용서의 확신이 생긴다. 내가 인정하고 고백한 모든 죄를 하나님께서 용서해주셨다는 믿음이 생기는 것이다.

> 만일 우리가 우리 죄를 자백하면 그는 미쁘시고 의로우사 우리 죄를 사하시며 우리를 모든 불의에서 깨끗하게 하실 것이요 _ 요한일서 1:9

> [1] 그러므로 이제 그리스도 예수 안에 있는 자에게는 결코 정죄함이 없나니 [2] 이는 그리스도 예수 안에 있는 생명의 성령의 법이 죄와 사망의 법에서 너를 해방하였음이라 _ 로마서 8:1~2

나는 이런 말씀들이 생생하게 믿어지기 시작했다. 왠지 좀 더 거룩해지고 싶고, 세상 사람들과 구별되어지고 싶은 생각도 들었다. 다른 사람들이 다 해도 하나님께서 싫어하실 것 같으면 하지 않겠다는 생각도 했다.

그렇다고 몸이 다 따르는 것은 아니지만 생각이 자꾸 바뀌기 시작했다. 정직하고 싶고, 편법이나 불법이 싫어지고, 욕하고 비난하기보다는 칭찬하고 싶어지고, 사망보다는 생명에 대하여 더 빠른 반응을 하게 되었다. 또 어느 날은 이해심이 커져서 '그럴 수도 있겠다' 하는 생각도 들었다.

이런 경험을 해보았는가?

예수님을 만나게 되면 그분의 살아 계심이 믿어지고 그분이 나를 사랑하심이 믿어진다. 그분과 내가 한 천국에 있게 됨이 믿어지면 많은 변화를 경험하게 된다. 눈물을 흘리면서 소리 내어 울기도 한다.

그런데 제일 큰 사건은 내적, 외적인 '변화'이다. 그래서 그런 유명한 말도 있다. "은혜는 눈물이 아니라 변화다!"

여전히 완전하진 않지만 변화를 추구하게 되고, 예수님을 좀 더 닮아보려고 노력하는 것. 여기에 그리스도인의 길이 있다.

거룩한 성결, 하나님 사랑, 이웃 사랑의 삶. 완전하진 않지만 성령님을 의지하면서 꾸준히 완성을 향해 달려나가는 순례자들의 삶.

모든 사람이 다 그런 건 아니지만 예수님을 만나고 그분의 살아 계심과 인도하심과 사랑하심이 믿어진 이후로 내 삶에 있어서 일어난 많은 변화 가운데 하나가 바로 '용서'이다. 용서가 되기 시작했다. 미운 사람, 함께하고 싶지 않은 사람들이 싹 사라지기 시작한 것이다.

전방 고지에 올라가서 눈 밑으로 물소리가 들리는 아름다운 계곡이 펼쳐져 있는 모습을 본 적이 있는가. 남들이 일어나기 전 이른 새벽에 그곳에 서 있으면 발밑으로 안개가 자욱하고, 그 안개로 이루어진 좁은 강줄기를 따라 군데군데 산봉우리가 섬처럼 떠 있다. 다시 보고 싶은 장관 중에 하나이다. 그런데 한 시간여 지난 후, 아침 식사를 하고 다시 나와 보면 그 많던 안개가 싹 사라져 있다. 해가 뜨는 것과 동시에 모든 안개는 사라지고, 선명하게 계곡과 물줄기와 나뭇가지들이 보인다.

나의 변화는 마치 이 같은 경험이었다. 내 안에 남겨져 있던 미운 사람들, 감정의 맨 밑바닥을 채우고 있는 억울한 감정, 서운한 감정, 속상한 것

당신의 영성 면역력을 점검하라

들, 얄미운 사람들이 한순간 싹 사라져버렸다. 이제 아무것도 없고 내 앞에는 내가 사랑해야 할 사람들만 남아 있다.

부모님에 대해 안 좋은 감정들을 평생 간직하며 사는 사람들이 있다. 그들은 어릴 때 혼자 울었던 기억, 혼난 기억, 외로움 등이 쌓이고 자기 연민에 빠져서 부모님 특히 아버지에 대한 나쁜 감정들이 여전히 남아 있다. 심리학자 프로이트에 의하면 아버지에 대한 아들의 반감을 '오이디푸스 콤플렉스'라고 하고, 어머니에 대한 딸들의 반감을 '엘렉트라 콤플렉스'라고 한다. 심리학에서는 아주 당연한 듯이 받아들이고 있는 이론이며 인간 감정의 저 깊은 곳에 숨어 있는 실체로 본다.

형제 사이에도 억울하고 서운한 감정들이 여전히 남아 있다. 미움에는 다 이유가 있다. 그 이유로 서로 죽이기까지 한다. 뉴스에서도 형이 동생을 죽인 사건, 자녀에 의해 살해당한 부모의 사건들이 계속 나온다.

부부 사이는 또 어떠한가. 부부 사이에도 씻기지 않는 나쁜 감정, 미운 감정들이 여전히 남아 있다. 나이가 들어서 서로 죽이는 경우도 종종 있다. 이웃 간에도 서로 칼로 찌르는 시대를 살고 있다.

행복한 삶일까? 용서하지 못한 사람들이 내 안에 남아 있는 한, 내게 행복은 없다.

어느 날, 성경을 읽고 있었다. 창세기의 야곱, 유다, 요셉 이야기를 읽는데 그날따라 왜 그렇게 눈물이 나던지…. 성령님께서 내 마음을 청소해주고 계심이 느껴졌다. 부모님, 형제들, 배우자, 주변 사람들에 대한 미움의 감정을 다 씻어주고 계셨다.

'내 안에 이런 미움들과 용서하지 못한 사람들이 많이 있었구나. 서운한 감정이 남아 있는 사람들이 있었구나.' 하고 깨닫게 되는 순간이었다.

그런 경험 이후, 왠지 사람들을 보면 미안하고 더 잘 해주고 싶은 마음이 들었다. 내 의지가 아니다. 성령님의 도우심이다. 나는 그렇게 착한 사람이 아니다. 욕심도 있고, 자존심도 있고, 승부욕도 있고, 열등감도 있다. 그런데 성령님께서 내 실체를 보게 하시고, 내 죄가 용서받았다는 확신을 주신 이후로는 왠지 용서가 쉬워졌다. 제일 쉬운 것 중에 하나가 용서해주는 것이다. 왜? 내가 용서를 받았으니까.

예수님을 믿으면서 경험하게 되는 것 중에 하나가 내 죄는 크게 보이고 다른 사람의 죄는 작아 보이는 것이다.

당신은 이런 경험을 해보았는가? 아직 경험하지 못했다면 기도하라. 나를 바로 알게 해달라고.

사도 바울과 같은 훌륭한 분도 그런 고백을 했다. 죄 짓기로 따져서 나보다 많은 죄를 지은 사람이 있으면 나와 보라고. 내가 죄인 중에 괴수라고, 대장이라고.

믿어지지 않았다. 어떻게 그렇게 훌륭한 사람이 죄인들 중 최고 죄를 많이, 크게 지은 사람이라고 고백할 수 있을까. 그런데 그게 아니었다. 양심이 살아 있고 성령님이 내 안에 있는 사람은 작은 죄도 크게 보인다. 너무 크게 보여서 못살 만큼 괴롭다.

그런데 양심이 무뎌지고 세상 욕심에 가득 찬 사람들은 자기의 죄가 보이지도 않는 흠집만큼 작아 보이고, 상대방의 죄만 커 보인다.

그래서 예수님은 이렇게 말씀하셨다.

당신의 영성 면역력을 점검하라

어찌하여 형제의 눈 속에 있는 티는 보고 네 눈 속에 있는 들보는 깨닫지 못하느냐 _ 누가복음 6:41

이 말씀을 쉬운 성경에서는 이렇게 번역한다. "어찌하여 너는 형제의 눈에 있는 작은 티는 보면서 네 눈 속에 있는 큰 통나무는 보지 못하느냐?"

영어 성경에는 '들보'가 'plank'라고 나온다. 즉, '두꺼운 판자'이다. '티'는 'speck of sawdust' 즉 '설탕에 묻은 점, 톱밥에 묻어 있는 점'이란 뜻이다. 그러니까 넌 어떻게 톱밥에 묻어 있는 작은 점 같은 네 형제의 실수는 보면서 네 눈 속에 있는 넓고 두꺼운 판자는 왜 보지 못하느냐는 말씀이다. 자기에게는 정당성을 부여하고 관대하지만 이웃에 대하여는 엄격한 사람들을 향한 말씀이다.

참 신기한 일은 은혜를 받지 못하면 내 눈에 있는 통나무가 안 보인다는 것이다. 남의 눈에 있는 티만 보인다. 그런데 성령님이 내 안에 계시면 그 사람의 허물이 허물로 보이지 않는다. 참 묘한 영적 체험이다.

예수님의 제자 중 베드로는 예수님을 따라다니면서 용서의 개념을 배웠다. 단 한 번도 용서해본 적이 없어 정죄하고 가르치고 잔소리꾼으로 살아왔음직한 베드로가 변화를 경험하게 되었다. 이제 어지간하면 용서할 정도의 수준이 된 것이다. 그는 칭찬받고 싶은 마음에 예수님께 아뢴다.

"제가 이래 봬도 제게 아주 몹쓸 짓을 한 사람을 한 번도 아니고 반복해서 용서해주었어요. 일곱 번 정도 용서하면 충분하지 않겠습니까?"

칭찬받고 싶어서 한 질문이었는데 예수님께는 이렇게 말씀하신다.

"그게 무슨 소리냐? 용서는 세면서 하는 게 아니다. 일곱 번이 아니라 일흔 번씩 일곱 번이라도 용서해야 한다."

즉, 490번이라도 용서를 해야 진정한 용서가 되는 거라 말씀하신 것이다. 누가 일일이 490번을 세면서 용서하겠는가. 그냥 무제한으로 용서하라는 말씀인 것이다. 이어서 예수님께서는 한 이야기를 해주셨다.

어떤 임금이 있었다. 그 임금은 어느 해 연말, 종들과 연말정산을 하고 있었다. 그때 임금님에게 일만 달란트를 빚진 자가 끌려왔다(참고로 일만 달란트는 6000만 데나리온이다. 그 당시 하루 품삯을 10만원 계산했을 때, 6조원이다. 갚을 수 있는 돈이 아닌 것이다). 임금은 화가 났다. 그 많은 빚을 진 사람을 야단치면서 그의 몸과 자식들의 소유를 다 팔아서라도 갚을 수 있는 만큼 다 갚으라고 명령했다. 그 종은 엎드려서 조금만 기다려달라고, 어떻게든 갚겠다며 애원했다. 얼마나 간절하게 애원하든지 임금의 마음은 약해졌고, 그가 불쌍하단 생각이 들었다. 살려고 애를 썼을 텐데 능력은 안 되고, 게으르기도 하지만 상황도 안 좋았을 거란 생각이 자꾸 들던 임금은 그 사람의 엄청난 빚을 탕감해줬다.

큰 용서를 받은 종은 신이 나서 밖을 나왔다. 그런데 마침 자기 앞에 일백 데나리온(일백 데나리온은 노동자의 100일 치 품삯이다)을 빚진 사람이 지나가는 게 아닌가. 그는 그 친구를 보자마자 멱살을 잡고 자기에게 빚진 돈을 어서 갚으라고 소리쳤다. 그러자 그 친구는 종의 무릎 아래 엎드려 빌고 또 빌었다. 그런데도 종은 그 친구의 말을 들어주지 않았고, 친구를 감옥에 넣고 자기에게 빚진 것을 다 갚을 때까지 갇혀 있게 하였다.

다른 동료들이 이 광경을 보고 매우 딱하게 여겨 임금님에게 가서 일어난 일을 자세히 말씀드렸다. 그러자 임금님은 그 종을 불러 말했다.

당신의 영성 면역력을 점검하라

"이 악한 종아, 네가 나에게 빌기에 내가 네 모든 빚을 없던 것으로 해주 었는데 너는 왜 내가 네게 자비를 베풀었던 것처럼 네 친구에게 자비를 베 풀지 않았느냐?"

화가 난 임금은 그 종을 감옥에 가두고 자기에게 빚진 것을 다 갚을 때 까지 풀어주지 않았다.

베드로에게 이야기를 다 해주신 예수님은 이렇게 마무리 지으셨다.

너희가 각각 마음으로부터 형제를 용서하지 아니하면 나의 하늘 아버 지께서도 너희에게 이와 같이 하시리라 _ 마태복음 18:35

예수님께서는 산상수훈의 말씀 중에 특별히 기도를 가르쳐주시면서 이 런 기도를 외우라고 하셨다.

우리가 우리에게 죄 지은 자를 사하여 준 것 같이 우리 죄를 사하여 주시옵고 _ 마태복음 6:12

우리는 언젠가 하나님 앞에 서게 된다. 그때 죄가 남아 있으면 천국에 못 간다. 그때 죄를 없애는 방법이 하나 있는데, 내가 먼저 내게 죄 지은 사 람들을 용서해주는 것이다. 내게 죄 지은 자를 내가 용서할 때, 주님께서도 내 죄를 용서해주심을 잊지 말라.

나는 일만 달란트, 6조원을 빚진 자다. 죄가 참 많다. 그런데 임금이신 예수님께서 용서해주시고 빚을 탕감해주셨다.

나는 이게 믿어지는 사람이다. 이것이 믿어지고 나니 용서가 참 쉬웠다. 성령님이 함께하심의 증거요, 구원의 증거이다. 나도 용서받았는데 용서 못할 사람이 어디 있겠는가.

나는 빚쟁이 인생을 참 오래 살았다. 카드도 거의 안 쓰고 검소한 내가 빚질 일이 뭐 있겠냐고 물으시겠지만, 20년도 더 전에 어떤 교인 한분이 내게 와서 돈을 꿔달라고 했다. 돈이 있으면 그냥 드릴 수도 있지만 난 정말 돈이 없었기에 돈을 드릴 수 없었다.

어느 날, 나는 과로로 응급실에 가게 되었다. 그 당시 지하 교회에 살았는데 실력은 안 되고 의욕만 앞서니 과로와 심한 두통이 원인이었다. 그런데 그날 그분이 응급실로 찾아와서는 죽기 일보 직전이니 돈을 꿔달라고 했다. 그래서 병원비 몇 만 원도 없어서 어머니가 내주셨다고 말씀드리니, 은행에서 집 담보대출을 받는데 보증인을 세우면 이자가 좀 줄어든다면서 보증 좀 서달라고 했다.

집사람보고 도장을 가지고 가서 보증인 란에 도장을 찍어주라고 말한 뒤, 3개월이 지났을 무렵 남대문 사채 사무실이란 곳에서 전화가 왔다. 내 이름을 대며 좀 나와보셔야 할 것 같다길래 남대문의 어떤 조폭들이 하는 사채 사무실에 갔더니 응급실에 와서 돈을 꿔달라고 하던 그분이 내 도장을 찍고 꽤 큰돈을 꿔갔다는 것이다. 은행에서 돈을 빌린 게 아니라 이자가 100%정도 되는 사채를 내 이름으로 빌려 썼던 것이다.

나보고 갚으라고 해서 사정 이야기를 하고 당장 갚을 능력이 없다고 했더니, 교회 보증금을 빼고 강대상과 의자를 팔아서 갚으라고 했다. 교회가 내 소유가 아니라 안 된다고 하자 그건 자기들과 상관없으니 원금과 이자를 당장 갚으라고 했다. 난 그 돈이 없고, 억울한 피해자라고 우기니 그중 조금 높아 보이던 사람이 내게 이렇게 말했다. 자기들도 남의 돈 가지고 장사하는 것이기 때문에 원금하고 최소한의 이자는 받아야 한다, 그런데 목사님 사정이 딱하신 것 같다, 나는 교회를 안 다니지만 집사람이 교회를 잘다닌다면서 목사님들한테 함부로 하지 말라고 했다고, 시간을 드리겠으니원금과 최소한의 이자를 언제까지 내실 수 있냐고 물었다.

자기들도 손해 볼 생각을 하고 양보할 테니 목사님도 좀 손해를 보시라고 해서 그럼 3, 4년 정도 걸려서라도 원금과 제시해주는 최소한의 이자를갚겠다고 약속하고 그곳에서 나온 적이 있다. 그래서 난 빚쟁이가 되어 몇년에 걸쳐 그 빚을 다 갚은 적이 있다.

갚을 때마다 나를 빚쟁이로 만든 사람을 욕했을까? 아니다. 그분한테는사실 이야기를 하고, 내가 서서히 갚기로 했으니 집사님도 어느 정도 감당하라고 말씀드렸다. 그랬더니 집을 팔아 해결하겠다며 집을 팔길래, 내가대신 갚는 억울한 빚을 갚아주는가 했더니 다른 빚을 정리하고 사라져버렸다. 그 뒤로는 만난 적이 없다. 기도하는 중에 그분이 불쌍하단 생각이 들었다. 얼마나 다급했으면, 이래저래 밀린 빚이 얼마나 많았으면 그렇게까지 했을까 하는 마음이 들어 다 잊고 그냥 빚을 갚았다. 몇 년에 걸쳐 빚을갚느라 거지처럼 살아야 했지만.

그 사람이 잘못했다고, 용서해달라고 했으면 용서가 됐을 텐데 그는 찾아오지 않았다. 그래서 혼자 용서했다. 나는 용서했지만 그를 다신 볼 수없었다. 어느 날, 그 사람의 소식을 들었는데 객사했다고 한다. 궁금하다.천국에는 가셨을까?

몇 년간 빚쟁이 생활을 하다가 거의 다 갚을 때 즈음 또 어떤 집사님이 찾아와서는, 전세 자금 대출을 받아야 하는데 목사님의 도움이 필요하다고 했다. 함께 은행에 갔더니 담당자가 이 집사님이 워낙 신용이 없어서 대출이 어려우니 목사님이 보증을 서주시면 이자도 줄어들고 대출도 가능하다고 했다. 나중에 이사 나갈 때 전세금은 집주인이 은행에 돌려주면 되니까 상관없다고 해서 보증을 서줬다.

그분은 대출을 받고 잘 살았다. 그런데 어느 날, 은행에서 대출금을 상환하라고 연락이 왔다. 놀라서 은행에 가보니, 그 집사님이 이사를 가면서 주인에게 따로 말해 자기가 은행에 가서 대출금을 직접 갚을 테니 자기 통장으로 돈을 달라고 했다는 게 아닌가. 그동안 은행에 이자도 내지 않아 밀린 이자가 잔뜩 붙어 있었다. 정말 환장할 노릇이었다. 내가 보증을 서 드렸던 그 집사님을 찾아가 이야기했더니, 얼마나 돈이 없으면 목사님 돈까지 떼먹겠냐고 했다. 내가 참 바보였다. 그분이 미워야 하는데, 불쌍한 생각이 드니 말이다. 얼마나 힘들면 그렇게밖에 살 수 없을까? 그렇게 나는 그 적지 않은 돈을 또 몇 년 갚아야 했다. 이어지는 빚쟁이의 인생이었다.

아마 목회하면서 나처럼 교인들의 빚을 많이 갚아준 사람도 없을 거란 생각도 든다. 그래서 그들이 밉고 저주의 말이 나오냐고 묻는다면, 아니다. 어느 날 그런 생각이 들었다. '하나님께서 그분들을 사랑하셔서 나를 만나게 하시고, 죄 많은 나를 혼내시면서 그분들의 빚을 대신 갚게 하셨구나.' 이렇게 생각하니 용서하지 않을 이유가 없었다. 그래서 그분의 딸이 결혼을 하게 되었을 때도 축하해주며 선물도 해줬다. 하나님께서 내게 주신 배역은 그런 것이니까.

당신의 영성 면역력을 점검하라

지옥에 갈 수밖에 없는 내 인생의 방향이 천국으로 바뀌지 않았는가. 주변의 훌륭한 사람들과 함께 신앙생활을 하고 있지 않은가. 한 주 한 주가 즐겁고 행복하다. 더 이상 아무런 바람이 없을 만큼. 남의 빚을 대신 좀 갚아주면 어떠한가, 넉넉히 쓰지 못하면 어떠한가. 교인들 일이고, 한 아버지의 자녀들인데.

용서는 의외로 쉽다. 내가 얼마나 큰 죄인인지 알면 된다. 내가 용서받았음이 믿어지면 너무 쉽다. 일만 달란트 빚졌다가 탕감 받아 본 사람은 결코 용서가 어렵지 않다.

우리가 형제의 잘못을 용서해야 하는 것은 나의 평안과 행복을 위해서이다. 용서의 능력을 체험하면 지금 정신병원에 있는 상당수의 환자들은 즉각 퇴원할 수 있을 거라고 한다.

의사의 말에 의하면, 암 종류만 250가지인데 암 발생의 가장 큰 원인은 절망과 스트레스와 미움이라고 한다. 그리고 사람에게는 보통 하루에 300개의 암세포가 생기는데, 평안과 기쁨을 갖고 사는 정상적인 몸은 그 암을 이기지만 분노와 한을 가지고 있으면 그 응어리가 암세포를 암 덩어리로 만든다고 한다. 그러니 그리스도인인 우리가 주님의 용서와 위로를 생각하며 원수조차 사랑하고 용서하는 마음을 갖고 산다는 것이 얼마나 큰 축복이겠는가.

미국 미시간 주에 있는 호프대학에서 71명에게 과거의 상처나 원한을 기억하도록 했더니, 혈압이 오르고 맥박이 빨라지며 근육이 긴장하는 현상이 일어났다고 한다.

친구와 담을 쌓고 사는 사람보다 친구를 사귀고 교제하며 사는 사람들이 치명적인 병을 이길 가능성이 높고 더 강한 면역체계를 갖게 되어 정신 건강이 향상되고 사회적 유대가 약한 사람보다 더 오래 산다는 연구 결과도 있다.

상대방을 위해서 용서하라는 게 아니다. 자기 자신을 위해 용서하라고 주님은 말씀하신다. 간음하다가 현장에서 잡힌 여인을 돌로 치려는 이들에게, 율법대로 집행하려는 믿음 좋고 정의로운 그들에게 예수님은 말씀하셨다. "너희 중에 죄 없는 자가 돌로 쳐라!" 당신은 돌을 던질 자신이 있는가?

예수님의 말씀을 듣고 어느 누구도 돌로 내리치지 못한 채 다들 돌아간 후, 주님은 다시는 죄를 짓지 말라고 하시면서 그 여인을 용서해주셨다.

창세기 41장에 나오는 요셉은 한을 품고 억울함을 품고 살만큼 힘든 인생을 산 사람이다. 형제들에게 배신당하고 누명을 쓰고 종이 되어 옥살이까지 했던 사람이다. 그런데 하나님의 섭리 가운데 이제는 애굽의 국무총리 자리에 올라와 있었다. 말 한마디면 자기를 힘들게 한 모든 이들을 죽일 수도 있는 위치였다. 그럼에도 그는 보복의 인생을 선택하지 않고 용서의 인생을 선택한다.

요셉이 제사장 보디베라의 딸 아스낫과 결혼할 때의 나이가 서른 살이었다. 아스낫과의 사이에서 두 아들을 얻었는데, 첫째가 므낫세요 둘째가 에브라임이었다. 므낫세란 이름은 '다 잊었다'란 뜻이다. 내 고난과 원한, 억울함과 분노를 다 잊었다는 의미이다.

더 정확하게는 내가 잊는 게 아니라 하나님께서 잊으라고 하셔서 잊었다는 뜻이다. 내가 신뢰하는 하나님, 내 삶의 근거가 되시는 아버지 하나님께

당신의 영성 면역력을 점검하라

서 잊으라 하시니 다 용서했다는 의미이다. 그는 아들을 보면서 용서를 이어 갔고, 둘째를 낳아 '창성하게 하셨다'란 뜻의 에브라임으로 이름을 지었다.

용서하고 살았더니, 기억도 하지 않고 살았더니 창성하게 되더라는 것이다. 그 사람을 위해 용서하라는 게 아니다. 나 자신의 행복을 위해 용서하라고 하신 것이다. 내가 용서하고 다 잊었더니 행복해지고 창대케 되더라는 요셉의 고백이 므낫세와 에브라임이다.

예수님께서는 자신의 손과 발에 못을 박는 로마 군인들을 바라보며 "아버지여 저희들의 죄를 용서하옵소서. 저들은 자기들이 하는 일이 얼마나 큰 죄인지를 알지 못함이니이다."라고 하셨다. 만약 그때 예수님께서 그들을 용서하지 않으셨다면 부활이 가능했을까?

용서는 없고 정의와 정죄만을 외치는 시대에 므낫세와 에브라임을 생각한다. 용서를 삶으로 보여주셨던 예수님을 생각한다.

시각장애인 페니 크로스비(Fanny Jane Crosby) 여사를 아는가? 1820년에 태어난 그녀는 1915년, 95세의 나이에 세상을 떠났다. 그 당시 장애를 가지고도 장수한 사람이다. 이 여인은 살아생전 수천 편의 찬송시를 썼는데, 가사 하나하나가 주옥같은 문장들이다.

어떻게 그렇게 많은 시를, 그것도 하나님을 찬송하는 기쁨과 감사의 시를 썼을까? 시각장애인으로 사는 것이 얼마나 힘든 일인데, 원망도 슬픔도 없이.

♩예수로 나의 구주 삼고 성령과 피로서 거듭나니
♩주의 음성을 내가 들으니

♪인애하신 구세주여 내가 비오니 죄인 오라 하실 때에 날 부르소서

♪나의 갈길 다가도록 예수 인도하시니

♪오 놀라운 구세주 예수 내주 참 능력의 주시로다

♪예수 나를 위하여 십자가를 질 때

♪나의 영원하신 기업

♪주가 맡긴 모든 역사 힘을 다해 마치고 밝고 밝은 그 아침을 맞을 때

♪찬송으로 보답할 수 없는 큰 사랑

크로스비는 원망할 수 있는 사람이었다. 그녀는 여덟 살 때 안과의사의 실수로 두 눈의 시력을 잃었다. 왜 하필 나인가? 의사를, 하나님을 원망할 수도 있었다. 그러나 그녀는 서른일곱 살 때 자신의 눈을 멀게 한 안과의사에게 편지를 썼다. 이 편지가 그녀의 인생에서 그 많은 찬송시를 지을 수 있는 이유를 알게 한다.

"선생님 정말 감사합니다. 나는 볼 수 없었기 때문에 흔들리지 않고 시에 정진할 수 있었습니다. 육신의 눈이 안보이기에 그리스도에 대한 흔들리지 않는 소망을 가질 수 있었습니다. 만일 나도 남들처럼 볼 수 있었다면 이토록 좋은 시상이 샘솟듯 솟아날 수가 있었겠습니까?"

참으로 놀라운 용서의 글이다. 자기 눈을 멀게 한 의사를 용서하는 크로스비에게 하나님은 그분의 세계를 볼 수 있는 빛을 열어주셨다.

아마도 대부분의 사람들은 용서보다는 소송을 제기해서 보상을 받으려 할 것이고, 자신의 눈을 멀게 한 의사를 평생 저주하며 살았을 것이다. 그러나 그녀는 평생 8000편 이상의 찬송시를 썼다. 우리나라 찬송가에도 22

당신의 영성 면역력을 점검하라

곡이 실려 있다.

용서해야 나도 하나님으로부터 용서받는다. 지금 우리 모두에게 무엇보다 필요한 것은 용서이다. 요즘 사람들은 조금만 잘못해도 무섭게 지적하고 비난한다. 그러나 비난은 사람을 결코 변화시키지 못한다. 비난하면 대개 어둠이 계속되지만, 용서하면 곧 새로운 축복의 세계가 펼쳐질 것이다.

이 보복과 갈등의 시대에 예수님의 용서를 생각한다. 십자가에 달리셔서도 용서를 말씀하신 주님, 하나님께 용서를 부탁하신 주님, 우리들에게 꼭 용서하며 살아가라고 부탁하신 주님을 생각한다.

'용서'라는 영양소가 공급되지 않으면 우리 삶에는 분노와 원망, 억울함과 미움이 사라지지 않는다. 우리를 사랑하시는 하나님께서는 '용서'라는 영양소를 주셨다. 분노와 원망, 억울함이나 미움을 없애주시기 위함이다.

나 자신이 용서받은 죄인임을 믿음으로 고백하며 누군가에게 화해의 손을 내밀 줄 아는 사람이 영적으로 건강한 사람임을 잊지 않길 바란다.

존경심

형제를 사랑하여 서로 우애하고 존경하기를 서로 먼저 하며

로마서 12:10

구약성경의 첫 책인 창세기를 읽다가 '엘리에셀'이란 사람 때문에 감동을 받은 적이 있다. 아브람의 일꾼 중에 '엘리에셀'이란 사람이 있었는데, 그의 이름이 처음 나오는 곳은 창세기 15장 2절이다.

어느 날, 하나님께서는 자식도 없이 미래가 답답했던 아브람에게 환상 중에 말씀하셨다.

"아브람아, 두려워하지 말라. 나는 네 방패요 너의 지극히 큰 상급이니라."

내가 너와 함께할 것이며 너를 지켜주고 복을 줄 것이니 걱정하지 말라고 말씀하시는 장면이다.

아브람이 이르되 주 여호와여 무엇을 내게 주시려 하나이까 나는 자식이 없사오니 나의 상속자는 이 다메섹 사람 엘리에셀이니이다

_ 창세기 15:2

이 당시에는 주인이 자식이 없을 때 간혹 그를 옆에서 도와주었던 일꾼 중에 한 사람을 상속자로 삼기도 했다. 로마제국 시대에도 황제에게 아들이 없을 때 그가 가장 귀중히 여기던 일꾼들 중에서 한 사람을 양자로 삼아 황제로 삼은 예도 있듯이, 아브람 시대에도 자식이 없으면 신실하게 자신을 도와준 일꾼 혹은 종에게 모든 재산을 물려주곤 했다.

이런 배경에서 아브람은 하나님께 말씀드린 것이다.

"자식도 없는 제가 무슨 큰 복을 바라겠습니까? 이제 저는 다 정리하고 제 일꾼인 엘리에셀을 상속자로 삼으려고 합니다."

이 말씀을 읽다가 문득 이런 생각이 들었다. '얼마나 성실하게, 진실하게 주인을 모셨으면 주인이 양아들을 삼아서 상속자가 되게 하고 싶었을까?'

세월이 많이 흘러서 어느덧 아브람에게도 '이삭'이란 아들이 생겼고, 엘리에셀도 많이 늙었다. 이삭이 태어나지 않았더라면 아브람의 그 많은 재산이 다 엘리에셀의 소유가 될 수 있었기에, 어쩌면 아쉬움도 있었을 텐데도 성경에는 전혀 그런 장면이 나오지 않는다. 그는 참 바른 사람이었다.

아브람도 나이가 들고, 엘리에셀도 나이가 들고, 이삭도 나이가 들어서

당신의 영성 면역력을 점검하라

이삭의 나이가 어느덧 40세가 되었다. 엘리에셀의 입장에서 아브람을 주인으로 모신 지 수십 년, 이삭이 태어나면서 자식처럼 여기고 돌봐온 지 40여 년이 지난 어느 날 아브람이 엘리에셀을 불렀다.

창세기 24장을 보면 아브람이 자기 집 모든 소유를 맡은 늙은 종을 불렀다고 나오는데, 학자들은 이 늙은 종을 엘리에셀로 이해한다. 아브람은 엘리에셀을 불러 이런 부탁을 한다.

"내 아들 이삭을 위하여 아내를 구해주고 싶다. 그런데 이 땅에서는 내 마음에 드는 사람이 없고 나는 내 며느리를 나의 고향 저 갈대아 우르에서 구하고 싶다. 그곳에 있는 내 동생 나홀의 자녀들 중에 며느리를 얻고 싶다. 그러니 네가 그 심부름을 해줄 수 있겠느냐?"

이제 백 살이 훨씬 넘었고 체력은 많이 떨어지겠지만 사람 볼 줄 아는 눈이 있고 지혜도 있는 엘리에셀밖에는 믿을 사람이 없었다. 그래서 아브람은 엘리에셀을 불러 부탁한 것이다.

매우 귀중한 임무를 맡은 엘리에셀은 800km 이상 떨어져 있는 그 먼 곳을 향해 출발한다. 며느리감과 그의 부모와 친척들에게 줄 예물을 잔뜩 실은 낙타를 타고 한 달 이상 걸리는 먼 사막 길을 떠났다.

그러고는 마침내 도착하여 마땅한 여인을 찾은 후에 그 부모와 친척들에게 자신을 소개한다. 그런데 그 소개하는 이야기가 참 감동적이다.

[34] 그가 이르되 나는 아브라함의 종이니이다 [35] 여호와께서 나의 주인에게 크게 복을 주시어 창성하게 하시되 소와 양과 은금과 종들과 낙타와 나귀를 그에게 주셨고 [36] 나의 주인의 아내 사라가 노년에 나의

주인에게 아들을 낳으매 주인이 그의 모든 소유를 그 아들에게 주었
나이다 [37] 나의 주인이 나에게 맹세하게 하여 이르되 너는 내 아들을
위하여 내가 사는 땅 가나안 족속의 딸들 중에서 아내를 택하지 말고
_ 창세기 24:34~37

그는 말끝마다 늘 자신의 주인, 아브람을 높인다. 이 짧은 문장 가운데
'나의 주인'이라고 무려 4번이나 고백한다. 자신은 종이라는 것이다. '내가
주인이 아니라 내 주인님이 따로 계시다'란 고백이다. 나는 내 주인을 마음
으로 높이고 존경하며 우러러보고 있다는 것을 내포하는 문장이다.

아브람이 그의 재산을 다 물려주고 싶었을 만큼 아꼈던 사람, 엘리에셀.
그는 주인에 대한 존경심이 가득한 사람이었다. 그렇기 때문에 아브람과
좋은 관계를 수십 년 이어올 수 있었고, 아브람이 가정의 중대사에 늘 그를
끼워 넣을 수밖에 없었다.

오늘날 이 시대는 육신의 양식과 편안함과 휴식과 건강을 위해 모든 관
심이 집중되어 있는 시대이다. 그런데 성경은 말씀한다. 육신의 건강보다
는 영혼의 건강을 생각하라고. 영과 육의 조화로운, 전체적으로 균형 있는
건강에 대해 이야기한다.

하나님께서 우리에게 주신 아주 좋은 영적인 영양소 중 하나가 '존경심'
이다. 누군가를 존경하게 되면 그의 영혼은 강한 면역력이 생겨서 힘든 상
황을 이길 수 있게 된다. 또한 자신의 부족함을 끊임없이 채워갈 수 있는
힘이 나온다.

존경한다는 말은 '우러러본다'라는 뜻으로 해석하기도 한다. 내가 우러

당신의 영성 면역력을 점검하라

러보는 사람이 있으면 그는 건강한 영성생활을 영위해 갈 수 있다. 그러나 그런 사람이 없다면 그의 영성생활은 파괴되고 빈약해지며 육신의 노예가 될 수밖에 없다.

종이나 일꾼이 주인을 존경한다고 하는 것은 쉬운 일이 아니다. 그럼에도 엘리에셀은 주인을 진심으로 존경했다. 여기에 영성생활의 승리와 행복이 있음을 기억해야 한다.

깎아내리려는 시대를 살고 있는 우리들에게 성경은 풍성한 신앙생활의 기쁨의 요소로 '존경심'을 이야기한다. 이 시대는 그 누구도 존경하지 않는다. 내가 제일이고, 다른 사람들은 허물투성이로 본다. '내가 중요하고 다른 사람들은 별 볼일 없다'라는 생각이 지배적이지만 우리는 우리 주변에 누군가를 존경해야 할 필요가 있음을 알아야 한다. 유명한 정치인이나 연예인, 역사적으로 위대한 인물을 말하는 것이 아니다. 내 주변 가까이의 인물들, 부모, 친척, 이웃, 교인들, 선생님들 중에서라도 존경하는 사람이 있을 때 그의 영성생활이 행복해짐을 명심하라.

어린 시절, 존경하는 사람이 누구냐는 질문을 수없이 받아봤을 것이다. 요즘도 회사 면접에서 존경하는 사람이 누구냐는 질문을 한다. 당신은 주변에 존경하는 사람이 있는가?

성경에는 어떤 사람들이 존경을 받아왔을까? 또한 누구를 존경하라고 할까?

구약 시대에 '사울'이란 사람이 있었다. 한번은 그의 아버지 기스가 암나귀들을 잃어버린 일이 있었다. 당시에 수나귀와 달리 암나귀는 매우 귀해서 사울의 아버지는 이 암나귀를 꼭 찾고 싶어 했다. 그래서 아들을 불러

단단히 부탁을 했다.

"너는 한 사환을 데리고 가서 암나귀들을 찾아라."

아버지의 말씀을 들은 사울은 사환 한 사람을 데리고 집을 나와 암나귀들이 갔을 만한 곳을 찾아다닌다. 그러나 에브라임 산지와 살리사 땅을 지나고 사알림 땅을 지나서 베냐민 지파의 거의 모든 땅을 다 찾아보았지만 암나귀를 찾을 길이 없었다.

그러다 숩 땅에 이르렀을 때 사울은 함께 가던 사환에게 "이제 돌아가자. 내 아버지께서 암나귀 생각은 고사하고 우리를 위하여 걱정하실까 두렵다."라고 이야기한다. 그때 이름도 나와 있지 않은 사울의 사환은 매우 중요한 대답을 한다.

그가 대답하되 보소서 이 성읍에 하나님의 사람이 있는데 존경을 받는 사람이라 그가 말한 것은 반드시 다 응하나니 그리로 가사이다 그가 혹 우리가 갈 길을 가르쳐 줄까 하나이다 하는지라 _ 사무엘상 9:6

이 성읍에 살고 있는 하나님의 사람, 존경받는 그 사람에게 가서 혹시 암나귀가 어디에 있는지 알려달라고 청해보자는 제안이었다. 이때 사환이 이야기하던 존경받는 하나님의 사람은 사무엘이다.

이스라엘의 북쪽 지방 단에서부터 남쪽지방 브엘세바까지 두루 다니면서 흩어져 있던 이스라엘 사람들의 마음을 하나님께로 돌리려고 애썼던 사람, 사무엘. 블레셋이라는 부족에게 밀려서 나라를 다 빼앗기게 생겼을 때, 사람들을 미스바 광장에 모아 놓고 부흥회를 통해 기도하게 하고 회개

당신의 영성 면역력을 점검하라

하게 하여 하나님께로 그들의 마음을 돌려놓음으로써 하나님이 전쟁에 개입하시게 하여 마침내 큰 승리를 거두게 한 사람, 사무엘.

그는 암나귀를 찾아다니던 사울에게 기름을 부어 이스라엘의 초대 왕이 되게 했고, 다윗에게 기름을 부어 그를 제 2대 왕이 되게 했던 사람이다. 그 유명한 선지자 사무엘을 성경은 '존경받는 하나님의 사람'으로 소개하고 있는 것이다.

여기서 말하는 '존경'은 히브리어로 '니크빠드'라고 하는데, 이는 '무겁게 여기다' 혹은 '영광스럽게 하다', '존귀케 되다'란 뜻을 가진 말이다. 또 다른 곳을 찾아보면 '존경하다'란 말은 '더 귀중히 여기다'란 뜻으로 해석하기도 한다. 다시 말해, 하나님을 존경한다는 표현은 하나님을 그 무엇보다도 더 귀중히 여긴다는 뜻이 된다.

어떤 사람을 존경한다는 말은 그 사람을 내가 다른 누구보다도 더 귀중히 여긴다는 뜻이 된다. 귀중히 여기니까 함부로 대하지 않고 오히려 그를 닮고 싶고 그의 이야기에 순종하고 싶은 것, 그것을 '존경'이라고 한다.

구약성경 에스더 10장을 보면 존경받는 사람이 한 명 더 등장하는데, 바로 '모르드개'이다. 그는 에스더 왕비의 사촌 오빠로 성전 문을 지키는 하급 공무원이었는데, 원칙을 철저히 지키고 하나님의 말씀을 삶의 기준으로 삼아 직장과 목숨을 잃는 한이 있더라도 하나님의 뜻에서 벗어나 살지 않으려던 올바른 사람이었다. 그는 나중에 하나님의 간섭하심 속에서 대국 페르시아의 국무총리가 된다.

성경은 그에 대해 유대인 중에 크게 존경받는 사람, 형제에게 사랑받는 사람이었다고 소개한다. 자신의 이익이 아니라 백성의 이익을 먼저 생각한 사람, 자신과 친한 사람뿐만 아니라 모든 종족들이 평안하게 살 수 있도록 애쓴 사람으로 소개한다.

다시 표현하면 모르드개는 차별 없이 사람들을 사랑하고, 내 것보다는 다른 사람들의 이익을 먼저 생각할 줄 알았던 사람이다. 성경은 이런 모르드개를 존경받는 사람으로 소개한다. 모르드개가 이렇게 하나님 사랑, 이웃 사랑의 삶을 살게 되자 사람들은 그를 더 귀중한 사람으로 여겼고, 그는 존경받는 사람의 명단에 자신의 이름을 올리게 되었다.

구약성경뿐만 아니라 신약에서도 존경받는 사람이 등장하는데, 처음으로 등장하는 이는 아리마대 사람 '요셉'이다. 그는 요즘으로 치면 존경받는 국회의원이었다. 요셉은 이 땅에 살던 사람이었지만 하나님의 나라를 사모하며 기다리던 사람이었다. 자신에게 주어진 능력과 권한을 최대한 사용해서 의로운 나라, 평화로운 나라, 사는 것이 기쁜 나라를 만들고 싶어서 애쓰던 사람이었다.

그는 예수님께서 돌아가신 후 자신이 묻히려고 미리 파 놓은 무덤에 예수님을 묻도록 허락한 사람이었다. 예수님께서 사회 지도층에 의해 사형을 선고받고 십자가에서 돌아가셨음에도 불구하고 예수님을 배척하지 않고 끝까지 예수님의 곁을 지켰던 사람 중 하나였다. 사람들이 자신을 비난하고 다음 선거에서 낙선하는 한이 있더라도 신앙의 양심대로 행동하고 싶었던 사람이었다. 성경은 이런 요셉을 존경받는 사람, 하나님의 나라를 기다리는 사람으로 표현한다.

다음의 인물은 '가말리엘'이다. 하나님의 뜻대로 구별된 삶을 살고 싶었던 그는 바리새인이었다. 하나님의 말씀이 너무 궁금해서 그 말씀을 평생

당신의 영성 면역력을 점검하라

연구하며 그 말씀대로 살고 싶어 했던 자였다. 율법 교사였던 그는 많은 제자들을 두고 있었는데, 그 제자 중 대표적인 사람이 '바울'이다. 법을 알고 법을 가르치던 사람, 요즘으로 치면 존경받는 법대 교수님이었다.

그는 불법을 미워했고, 자기 잡단의 이익을 위해서 다른 사람들을 죽이려는 권력자들 앞에서 당당하게 "그러면 안 됩니다. 우리는 사람이 아니라 하나님을 두려워해야 하고, 나의 이익을 위해서 다른 사람들을 힘들게 해서는 안 됩니다."라고 강력하게 주장하던 사람이었다. 하나님의 섭리를 절대적으로 받아들이며 악인의 역할을 감당하지 않았던 사람, 가말리엘. 성경은 그를 존경받는 인물로 묘사하고 있다.

사도행전 5장을 보면 가말리엘과 관계된 이야기가 나온다.

성령님의 말씀에 온전히 순종하던 예수님의 제자들이 이제 예루살렘 이곳저곳을 돌아다니면서 전도하기 시작했다. 너희들이 십자가에 못 박아 죽인 예수님은 하나님의 아들이었다고, 그 예수님은 돌아가신 것이 아니라 다시 부활하셨다고, 하나님께서 그분을 다시 살리셨고 이제 심판주로 오실 거라고 외쳤다. 그러니 너희들이 심판을 면하려면 회개하고 죄 사함을 받고 성령을 의지해서 순종하는 삶을 살아가야 한다고 외쳤다.

그러자 그 소문을 들은 대제사장과 바리새인들을 비롯한 지도자격인 사람들이 심각해졌다. 자기들이 사람들과 빌라도를 선동하고 겁박해서 예수님을 십자가에 못 박게 했으니 얼마나 두려웠겠는가.

그래서 그들은 자기들의 죄를 덮으려고 더 큰 죄를 저지르게 되는데, 권력을 휘둘러서 제자들을 잡아 예수님과 같은 죄목으로 그들을 죽이려 한 것이다. 그래서 공회를 열고 예수님에게 사형 선고를 했던 것처럼 제자들에게도 사형 선고를 하려던 순간, 한 사람이 일어나 반대한다. 바로 바리새인, 가말리엘이었다.

바리새인들은 유대의 정통 율법을 지키려고 애를 쓴 사람들의 모임이었다. 이 모임의 세력이 커지면서 정치적인 집단이 되었고 그 힘도 강력해서 바리새인들은 당시에 두 개의 계파가 있었다. 하나는 '샴마이 학파'이고 다른 하나는 '힐렐 학파'였는데, 좀 더 보수적이냐 개방적이냐의 차이로 나뉘어 내부적으로도 갈등이 있었다.

이 중에 힐렐 학파의 거봉이 가말리엘이었다. 힐렐 학파의 초대 사람 힐렐의 친손자이면서 나중에는 사도 바울의 스승이었던 사람. 그가 당시에 얼마나 큰 존경을 받는 인물이었는지, 그가 죽었을 때 사람들은 "율법의 영광이 떠났고, 거룩함과 깨끗함이 죽었다"라고 할 만큼 그는 절대적인 존경의 인물이었다. 그런 그가 공회 중에 갑자기 일어서서는 제자들을 죽이지 말라고 반대하고 나선 것이다. 그는 당장에 이 같은 사기극을 멈추라고 소리치면서 과거의 예를 들면서 호소한다.

제일 먼저 헤롯왕을 반대해서 쿠데타를 일으켰던 사람, 드다의 이야기를 한다. 그는 헤롯이 성전 기둥에 설치한 황금 독수리상을 파괴하고 폭동을 일으켰던 사람으로 체포되어 화형을 당했다. 그를 따라 반 헤롯 운동을 벌이던 사람들이 있었지만 그들 역시 드다가 죽자 다 흩어져버렸다. 드다가 하나님께서 보내신 하나님의 사람이었다면, 왜 그가 죽자 무리들이 다 흩어졌겠느냐는 것이다. 그렇지 않았기에 그렇게 힘없이 무너진 것이 아니냐고 따졌다.

가말리엘은 다음으로 유다에 대해 이야기한다. 유다는 로마가 세금을 더 거둬들이고 군인들을 더 많이 뽑기 위해서 로마 통치하에 있는 전 지역에 호적을 다시 등록하라고 할 때 정면 부인하며 데모했던 사람이었다. 유다도 로마에 반대하며 민족주의 운동을 일으켰지만 결국 유다가 망하게 되자 그를 따르던 사람들도 다 숨어버렸다는 이야기였다. 그러면서 예수님을 따르던 제자들을 죽이지 말고 그냥 놔두라고 강하게 말한다.

이미 예수라는 사람을 너희들이 십자가에 못 박아 죽게 했기 때문에 만약 이들이 스스로 뭉쳐서 무엇을 해보려는 것이라면 드다를 따르던 사람들이나 유다를 따르던 사람들처럼 얼마 안 가서 흩어지게 될 것이니 기다려보자는 말이었다. 또한 이 사람들이 하는 말이나 행동이 하나님으로부터 온 것이라면 우리가 어떻게 그 하나님의 뜻을 거역할 수 있겠느냐는 주장이었다. 결국 가말리엘의 말을 들은 공회원들은 제자들을 죽이지 못하고 감옥에서 내보낸다.

이 이야기를 읽다 보면 참 많은 감동을 받는다. 대체 가말리엘은 어떤 사람이었기에 폭도 같던 그 사람들이 다 잠잠해졌을까?

존경받던 가말리엘이 하루아침에 그런 명성과 존경을 얻었겠는가? 위대한 인물은 하루아침에 만들어지지 않는다. 하나님의 신실하신 일꾼들은 하늘에서 그냥 뚝 떨어지지 않는다. 오랜 세월을 거쳐 정직함과 성실함과 진실함 속에 만들어져 간다.

구약 시대의 사무엘과 모르드개, 신약 시대의 아리마대 요셉과 가말리엘, 존경받는 그들에게는 어떠한 공통점이 있음을 알게 된다.

하나님의 뜻대로 살려고 애를 쓴 사무엘, 하나님의 뜻 앞에서는 왕의 명령도 거부했던 모르드개, 하나님의 나라를 만들고 싶어서 애쓰던 아리마대 사람 요셉, 하나님의 뜻대로 구별된 삶을 살면서 불의 앞에 용감했던 가말리엘. 당신은 어떠한 삶을 살고 싶은가?

그렇다면 성경은 우리들에게 누구를 존경하라고 말씀하고 있을까?

잘 다스리는 장로들은 배나 존경할 자로 알되 말씀과 가르침에 수고하는 이들에게는 더욱 그리할 것이니라 _ 디모데전서 5:17

여기서 말하는 장로들은 구약적 표현으로는 나이 많은 사람들, 다시 말해 어떤 공동체의 지도자들을 말한다. 즉, 지도자들이 내 맘에 들지 않더라도 그들을 귀하게 여기라는 말씀이다.

형제를 사랑하여 서로 우애하고 존경하기를 서로 먼저 하며
_ 로마서 12:10

여기서 말하는 형제는 구약적 표현으로 하면 친족이다. 다시 말해 혈족, 부모나 조상이 같은 사람을 말한다. 즉, 형제간에 서로 사랑하고 우애하고 더 귀하게 여기며 살아가라고 가르치고 있다. 형이나 언니가 동생을, 동생이 형과 언니를 존경하라는 것이다. 신약적 표현으로는 교회 공동체 안에서의 형제를 의미한다. 다시 말해 하나님의 뜻대로, 예수님의 말씀대로 살려고 애쓰는 공동체 사람들을 사랑하고 존경하라는 것이다.

그러나 너희도 각각 자기의 아내 사랑하기를 자신 같이 하고 아내도

자기 남편을 존경하라 _ 에배소서 5:33

남편은 아내를 사랑하고 아내는 남편을 존경하라고 말씀하신다. 네가 먼저도 아니고, 상호간에 서로 합의에 의한 것만도 아니다. 남편이 아내를 사랑하지 않아도 아내는 남편을 존경해야 하고, 아내가 남편을 존경하지 않아도 남편은 아내를 사랑해야 한다. 그냥 내가 먼저 사랑하고 내가 먼저 그를 귀중히 여기라는 의미이다.

> 남편들아 이와 같이 지식을 따라 너희 아내와 동거하고 그를 더 연약한 그릇이요 또 생명의 은혜를 함께 이어받을 자로 알아 귀히 여기라 이는 너희 기도가 막히지 아니하게 하려 함이라 _ 베드로전서 3:7

이 말씀의 원어를 잘 살펴보면 남편은 아내를 사랑하고 아내만 남편을 존경하라는 뜻만 있는 것이 아니다. 남편들도 아내를 귀하게 여기고 존중히 여기며 존경하라는 뜻도 있다.

성경은 우리들이 행복한 신앙생활을 하려면 존경받는 사람들이 바로 내 주변에 많아야 하고, 내가 그 존경받는 사람이 되어야 하며, 또 그런 사람들을 존경해야 함을 이야기하고 있다.

작은 흠 하나만 보이면 그 사람 전체를 깎아내리고 매장시켜버리려는 시대를 살아가고 있다. 한두 가지 허물이 있다 해도 존경받을 만한 마음과 행동을 높이 여겨야 하는데, 허물 하나로 백 가지의 장점을 무너뜨리는 참 안타까운 세상이다.

주일마다 주차 안내를 하시는 분들을 보면 참 존경스럽다. 흔들림 없이 꾸준히 일찍 와서 매 예배 때마다 추울 때나 더울 때나 참고 견디시는 분들이다. 예배를 마친 후에도 차가 다 빠져나갈 때까지 안내하고 제일 늦게 식사하시는 분들이다.

그들만 있는 것이 아니다. 보이는 곳이든 보이지 않는 곳이든 예배를 준비하며 자신에게 주어진 사명을 감당하느라 남들보다 배나 더 수고하시는 분들이 많다. 오늘 성경이 말하는 형제들, 내가 먼저 사랑하고 존경해야 할 대상이 바로 그런 사람들이다. 멀리 있는 사람들이 아니라 교회 공동체 안에서 수고하며 예수님의 사랑을 실천해가는 사람들. 존경하지 않을 수 없는 그런 분들이다.

성경은 사무엘, 모르드개, 아리마대 요셉, 가말리엘도 훌륭하지만 내 주변에 있는 형제들, 아내와 남편, 부모님들도 다 내가 존경해야 할 대상임을 말씀하신다. 역사 속에 나오는 위대한 인물들도 허물이 있다. 대통령이나 유명한 사람들, 소위 존경받는 사람들도 조사하면 다 나온다. 완벽하고 깨끗한 사람은 없다. 그러하기에 성경은 더 강조하고 있다. 네 형제를 네가 먼저 존경하고 더 위해주라고, 더 귀중히 여기라고.

"형제를 사랑하여 서로 우애하고 존경하기를 서로 먼저 하며"

참 마음에 와 닿는 말씀이다. 내가 더 귀중히 여겨야 할 사람들이, 더 존경해야 할 사람들이 내 가까이에 있다. 죽은 사람들, 멀리 있는 사람들을 존경하려고 찾지 말고 내 주변에 사랑을 전하는 사람, 성실한 사람, 정직한 사람들을 존경하고 그분들을 흉내 내며 살아가라.

육신을 위한 음식도 중요하지만 영성생활을 위한 음식도 중요하다. 그

중 하나가 '존경심'이다. 존경하는 사람들이 주변에 많으면 내가 행복해지고, 내가 존경받는 인물이 될 가능성이 높아진다. 귀중히 여겨야 할 사람들이 많아지면 내가 귀중히 여김을 받게 되고 삶이 지루하지 않다.

존경심이라는 영양소를 매일 섭취하면서 내가 존경해야 할 내 주변의 앞선 신앙인들, 친구들, 가족들을 존중히 여기며 행복한 순례의 걸음을 이어가시길 바란다.

감사

11 예수께서 예루살렘으로 가실 때에 사마리아와 갈릴리 사이로 지나가시다가 12 한 마을에 들어가시니 나병환자 열 명이 예수를 만나 멀리 서서 13 소리를 높여 이르되 예수 선생님이여 우리를 불쌍히 여기소서 하거늘 14 보시고 이르시되 가서 제사장들에게 너희 몸을 보이라 하셨더니 그들이 가다가 깨끗함을 받은지라 15 그중의 한 사람이 자기가 나은 것을 보고 큰 소리로 하나님께 영광을 돌리며 돌아와 16 예수의 발 아래에 엎드리어 감사하니 그는 사마리아 사람이라 17 예수께서 대답하여 이르시되 열 사람이 다 깨끗함을 받지 아니하였느냐 그 아홉은 어디 있느냐 18 이 이방인 외에는 하나님께 영광을 돌리러 돌아온 자가 없느냐 하시고 19 그에게 이르시되 일어나 가라 네 믿음이 너를 구원하였느니라 하시더라

누가복음 17:11~19

    예수님 시대에 최대 고통스러운 질병은 문둥병이었다. 나병이라고도 하는 이 병은 한번 걸리면 치유의 가능성이 낮고, 전염성이 강해서 격리를 시켜야 했다. 살아 있음에도 미리 장례식을 치른 후에 구덩이나 깊은 산골짜기에 병자를 내려놓고 음식을 던져주며 살게 하던 치명적인 저주의 질병이었다. 눈썹이 빠지고, 손가락은 녹아내리고, 코뼈가 없어져서 살아 있지만

살아 있지 않은 것 같은 그런 병이었다.

문둥병에 걸리면 사람들은 단번에 알아본다. 그러면 제사장을 찾아간다. 의사가 없던 시절, 누구도 문둥병자를 만지려고 하지 않으니 제사장들이 문둥병자의 환부를 만져보고 진짜 문둥병에 걸렸는지를 진단했기 때문이다. 혹시라도 문둥병이 아니면 다행이지만 문둥병이라 확정되면 무조건 추방이었다. 경우의 수는 희박하지만 우연히 병이 낫기라도 하면 무조건 제사장에 가서 그의 몸을 보여주고 완치되었다는 증명서를 받아가지고 와야 가족에게 돌아가고 평범한 생활을 할 수 있었다.

예수님 시대에도 양극화의 시대였다. 갈릴리와 유다 지방에 사는 사람들이 한편이 되고, 사마리아에 사는 사람들끼리 한편이 되어 서로 으르렁대던 시대였다. 네가 옳다, 내가 옳다 싸우느라 서로 상종도 하지 않던 시절이었지만 갈릴리와 사마리아 경계선 즈음에 집성촌을 만들어 문둥병자들만큼은 한곳에 모아 살게 하였다.

어느 날, 예수님께서 그 근처를 지나시게 되었다. 소문으로 예수님의 이야기를 들었던 문둥병자들 중 열 명이 멀리서 예수님을 부르고 있었다. 격리되어 있는 사람들이라 예수님께 가까이 다가가지 못하기에 멀리 서서 소리를 지르며 예수님을 불러야 했다.

"예수, 선생님이여! 우리를 불쌍히 여기소서!"

그들의 소리를 들으신 예수님께서는 그들을 불쌍히 여기시면서 이렇게 말씀하셨다.

"가서 제사장들에게 너희 몸을 보이라."

이 말의 의미는 너희 병을 내가 고쳐줄 테니 믿음으로 가라는 말씀이셨

당신의 영성 면역력을 점검하라

다. 열 명의 문둥병자들은 이미 예수님이 어떤 분이신지를 잘 알고 있었다. 그들은 불치병이 나았다는 믿음을 가지고 격리 수용소에서 나와 제사장에게로 출발했다. 그런데 가는 도중에 서로가 서로를 바라보며 놀라기 시작했다. 자신들의 병이 나았다는 믿기지 않는 현실 앞에 직면하게 된 것이다.

그 상황에서 전혀 다른 두 가지 반응이 나왔다. 열 명 중 아홉 명의 사람은 예수님께 감사 인사도 드리지 않은 채 자기들이 갈 곳으로 돌아갔는데, 단 한 사람만이 예수님을 다시 찾아가서 감사하다고 인사를 드린 것이다.

이 이야기를 가만히 읽다 보면 여러 가지 궁금증이 생긴다. 왜 나머지 아홉 명의 사람들은 예수님께 감사하다는 표현을 하지 않았을까 하는 것이다. 그들은 왜 감사하지 않았을까?

한번은 성경공부를 하다가 이런 질문을 던진 적이 있다.

"왜 병을 고침 받은 아홉 명의 문둥병자들은 감사하지 않았을까요?"

그때 많은 대답들이 나왔다. 첫 번째는 '감사하는 것을 배워본 적이 없어서'였다. 물론 그럴 수도 있다. 아주 어릴 때 문둥병에 걸렸던 사람이라면 일찍 격리되었기에 배우지 못했을 수도 있다. 감사는 저절로 되는 게 아니라 교육에 의해 이뤄지기 때문이다.

예배 시간에 목사님이 감사 예물 봉투에 적힌 감사 제목들을 하나하나 읽어주시는 것도 교육이다. "이런 때에 이렇게 감사하는 분이 계십니다."라고 아주 자연스럽게 교육시키는 것이다. 간혹 감사 제목이 없다는 사람들도 있는데, 왜 없겠는가? 믿음의 눈이 열리면 감사한 게 정말 많다.

어릴 때부터 기관지가 좋지 않아 늘 코가 막힌 채 살아가야 했던 나는 코에 관련된 수술들을 여러 번 했고, 그러다 보니 늘 코로 숨 쉬는 게 힘들었다. 코 때문에 병원에 다닌 횟수는 셀 수도 없고, 수술대에 올라서 부분 마취나 전신마취를 여러 번 해야 했다. 입으로 숨 쉬는 것이 당연해졌고, 코로 숨 쉬게 해달라는 것이 기도 제목일 정도였다.

어느 날부터 하나님이 간섭해주셔서 요즘은 코로 숨 쉬고 산다. 참으로 감사하다. 어릴 때부터 나는 배웠다. 작은 일에도, 큰 일에도 늘 감사를 잊어버리면 안 된다고. 늘 감사는 표현해야 완성되는 것이라고 배웠다.

믿음이 생기고 사랑이 생기면 감사도 같이 커진다. 하나님께서 내게 베풀어주신 신묘막측한 것들이 느껴지면 감사하지 말라고 해도 그냥 감사하고 싶어진다. 감사는 상대방에게 고마움을 표현하는 일이기도 하지만 내 영성생활에 매우 큰 도움이 되는 필수 영양분이다.

감사하지 않는 두 번째 이유는 무엇일까?

그냥 하기 싫은 것이다. 감사는 배웠다고 해서만 되지 않는 것이다. 인사를 잘해야 한다는 건 배워서 알지만 잘 안 될 때가 있지 않은가. 검소해야 하는 것도 알지만 여전히 안 사도 되는 것을 사고, 용서해야 하는 것도 알지만 여전히 내 안에는 서운함과 분노가 있어 용서가 잘 안 된다. 더 정확히 말하면 용서하고 싶지가 않다. 내 죄는 하나님께서 용서해주셨으면 하지만, 나는 내게 잘못한 사람을 용서하고 싶지 않은 것이다.

이처럼 배웠어도 잘 안 되는 게 많은데, 그중 하나가 '감사'이다. 감사를 표현하려고 하면 괜히 지는 것 같고 자존심이 상하는 것 같을 때가 있다. 교만한 사람, 자기 분수를 잘 모르고 과대평가하는 사람들이 잘 감사하지 못한다. 그래서 성경은 교만이 패망의 선봉이라고 가르치고 있다.

당신의 영성 면역력을 점검하라

구약에 나오는 제사는 대부분 감사가 포함되는 의식들이다. 죄를 용서해주심에 대한 감사이다. 나를 받아주시고 인도하심에 대한 감사이다.

구약에 나오는 유대인들의 절기 역시 감사와 더불어 이해될 수 있다. 유월절은 애굽에서 탈출하게 해주신 하나님께 대한 무한의 감사이다. 초막절은 온갖 위험 속에서 지켜주사 먹거리 문제로 고민하지 않게 하신 하나님을 향한 감사이다. 오순절은 첫 소산을 우리에게 주시고 지금까지 살게 해주신 하나님에 대한 무한의 감사이다.

이렇게 감사할 것들이 많은데도 감사하는 게 싫은 사람들이 많다. 문둥병이 고쳐진 아홉 명의 사람들도 마찬가지였다. 불치병이 고쳐졌으니 그동안 못한 일도 해야 하고, 제사장에게 가서 완치 증명서를 받아 당장 가족들도 만나러 가야 하기에 감사 인사를 하기 위해 예수님께로 다시 가기가 싫은 것이다.

이런 마음의 배후에는 '자기 사랑'이라는 죄가 있다. 악한 영들이 감사함을 막고 있는 것이다. 감사하면 영이 살고, 영이 살면 악한 영들이 나를 점령하지 못하니 아예 감사하지 못하도록 악한 영들이 막아버리는 것이다.

나는 감사를 참 잘하는 편이다. 끊임없이 입술로 감사하다고 고백하고, 감사 기도도 드리고, 감사 찬양도 잘 드린다. 감사한 마음에 기쁨으로 봉사할 때도 많다. 처음부터 그랬던 건 아니다. 교만함에 내가 잘난 줄 알고 잘 감사하지 않았다. 그러던 어느 날, 누가복음 17장 말씀을 읽고 난 후에 내 마음속에 늘 들리는 성령님의 음성이 하나 있었다.

"나머지 아홉은 어디에 있느냐?"

왜 자꾸 이 음성이 들리던지…. 그러면 나는 이렇게 대답했다.

"예, 주님. 나머지 아홉 중에 한 사람, 제가 여기 있습니다. 그만 찾으세요. 이제 감사하러 갑니다."

연습하지 않으면 하기 싫은 것을 계속 안 하게 된다. 그러니 억지로라도 감사하는 연습을 하자.

그들이 감사하지 않았던 세 번째 이유는 무엇일까?

열 명 중에 나 혼자만 병이 나은 게 아니었다. 그곳에 있던 열 명 모두 병이 다 나았기 때문에 감사하지 않은 것이다. 이를 '보편성의 법칙'이라고 한다. 보편적으로 다 일어난 일이기에 감사하고 싶지 않은 것이다. 오직 나에게만 일어난 일이라면 한 번쯤은 감사하다고 생각할 수 있지만 모두에게 일어난 일이기에 대단한 것이라고 생각하지 않고 감사하고 싶지 않은 것이다. 특별대우가 아니라 보통 일이기에.

당연한 걸 가지고 감사하는 것이 이상한 일일까? 나만 이사했나, 나만 합격했나, 나만 집 샀나, 나만 퇴원했나? 내게 일어난 이 모든 일은 보편적으로 누구나 다 경험하는 일이니까, 그냥 넘어가고 싶어서 감사하게 생각하지 않는 것이기도 하다. 성경 속 아홉 명의 유대인 문둥병자들도 마찬가지였다.

감사하지 않는 또 하나의 이유가 있다. 이 병이 고쳐진 게 우연히 일어난 일이기 때문에 감사할 대상이 없는 것이다. 살다 보면 우연히, 운이 좋아서 성공하는 경우가 더러 있다. 그러다 보니 무슨 일이 생기면 '참 운이 좋았어'라고 생각한다. 내가 감사할 대상이 없는 것이다. 그냥 우연히, 재수가 좋아서 이뤄진 것이라고 생각한다.

수능 시험을 치르고 조마조마하며 원서를 넣었는데 미달이 돼서 합격이

　　　　　　　　　　　　　당신의 영성 면역력을 점검하라

되었다면? 충동적으로 집을 구매했는데 갑자기 집값이 올랐다면? 누구나 재수가 좋다고 생각할 것이다.

우연은 진화론과 연관이 있다. 그러니 하나님과는 관계가 없다. 특별한 목적이 있었던 것이 아니기에, 그저 운이 좋았고 재수가 좋았던 것이기에 감사할 필요가 없다. 하나님께서 해주셨다는 분명한 믿음이 있으면 그분께 감사할 텐데, 그냥 살다 보니 우연히 이뤄진 것 같아 감사할 일이 없는 것이다.

이처럼 하나님께서 그렇게 하셨다는 믿음이 생기지 않는 이유가 무엇일까? 이미 나는 악한 영의 지배를 받고 있기 때문이다. 한없이 교만해져서 내가 잘난 줄 아는 것이다. 부모님, 선생님, 주변 사람들, 심지어 하나님도 감사의 대상이 아닌 것이다. 우연히 일어난 일이니까.

성경은 우연을 인정하지 않는다. 내가 몰라서 그렇지, 그곳에는 반드시 하나님의 섭리하심이 있다. 요셉은 우연히 노예로 팔려가지 않았다. 청년 사울도 우연히 눈이 먼 것이 아니다. 다윗 역시 우연히 엘라 골짜기의 전투에 참여한 것이 아니다.

내가 '우연히', '재수가 좋거나 나빠서'라고 생각하는 바로 그 순간도 하나님의 세심한 배려와 섭리가 있었음을 기억해야 한다.

아홉 명의 문둥병자가 감사하지 않을 때, 한 사람은 예수님을 찾아갔다. 그러고는 감사하다는 표현을 했다. 무슨 대단한 선물을 드린 것이 아니라 그저 감사하다고 고백했다. 그가 예수님 때문에 새로운 인생을 살게 되었다고 고백했을 때, 예수님이 물으셨다.

"열 사람이 다 깨끗함을 받지 아니하였느냐, 그 아홉은 어디 있느냐? 이 이방인 외에는 하나님께 영광을 돌리러 돌아온 자가 없느냐?"

예수님도 깜짝 놀라셨다. 당연히 감사해야 할 순간에 감사하지 않은 자들에 대하여. 이런 자들이 영성생활이 잘 되겠는가.

천국에 가는 일은 그렇게 쉬운 일이 아니다. 바른 신앙생활은 저절로 이뤄지는 것이 아니다. 육신의 고침을 받았을지는 몰라도 그들의 영적 상태는 엉망이었다. 그러니 온전한 구원이 이루어지겠는가.

병이 있을 때는 그 병을 고치고 싶어서 열심히 기도하지만 고쳐진 후에는 그 기도가 없어진다. 즉, 문제가 있을 때는 그 문제를 해결하고 싶어서 열심히 기도하고 예배드리지만 해결되고 나면 하나님하고는 멀어지는 것이다. 그러니 이런 자들이 천국이나 제대로 가겠는가. 기적 앞에서도 감사가 없고 하나님을 자꾸만 잊어버리는데.

그래서 예수님은 감사하기 위해 돌아와서 엎드려 절하는 그에게 이렇게 말씀해주신다.

"일어나 가라. 네 믿음이 너를 구원하였느니라."

이제 너는 육적인 치료, 육적인 문제 해결뿐만 아니라 영적인 문제에서도 해결되어지고 구원받았으니 그렇게 계속 믿음으로 살아가라는 축복의 말씀이다. 열 명 모두 문제 해결을 받았지만 단 한 사람만이 전인적인 구원, 영과 혼과 육의 구원을 받았다.

오늘날 우리도 마찬가지다. 육신의 문제는 얼마든지 해결될 수 있다. 질병의 문제, 가난의 문제, 사업의 문제, 관계의 문제 모두 다 해결될 수 있다. 그러나 영적인 문제는 그렇게 쉽게 해결되지 않는다. 하나님과의 관계 문제, 친근감의 문제, 대화의 문제는 그렇게 쉽게 해결되지 않는다.

당신의 영성 면역력을 점검하라

성경은 우리들에게 영과 육의 조화와 균형, 온전한 구원을 강조한다. 육적인 문제는 해결이 되었는데 영적인 문제가 해결이 안 되는 사람은 아홉 명의 문둥병자처럼 구원에는 이르지 못함을 알아야 한다. 그날 치료받은 사람은 열 명이었지만 구원받은 사람은 단 한 명임을 기억해야 한다. 이 같은 사실을 명심하며 육신의 구원에 만족하지 말고 영적인 구원에도, 천국의 삶에도 관심을 갖기를 바란다.

영적으로 빈약해지면 평강이 없고 기쁨이 없고 소망이 없다. 불행을 경험하면서 안 그런 척하고 사는 삶이 우리의 현실이다. 서로 이해하지 못하고, 돈이 모든 것의 기준이 되고, 편한 것만이 최고이고, 폼 나야 하고, 육적인 땅의 것과 돈에만 모든 관심이 집중되다 보니 영성이 떨어져서 하나님을 찾아가는 데 어색해지고 있다. 존경심도, 감사도 사라져간다. 과연, 이러한 삶이 행복할까?

성경 속 위대한 신앙인들의 공통점이 있다면, 그들은 항상 범사에 감사하는 사람들이었다는 것이다. 그 감사에서 그들의 영성은 빛을 발하게 되고, 억압과 불행을 자유와 행복으로 승화시킬 수 있었다.

의인 노아가 홍수가 끝나고 땅이 마른 후 육지를 처음 밟고 한 일은 감사의 제사를 드리는 것이었다. 아브라함이 블레셋 영토에서 아비멜렉 왕과 군대장관 비골과 더불어 계약을 맺은 후에 처음으로 한 일은 감사의 제단을 쌓는 일이었다.

아브라함이 믿음으로 이삭을 드린 후, 하나님께서 미리 준비해 놓으신 숫양을 발견한 후에 처음 한 일도 감사의 제사를 드리는 것이었다. 하나님의 사람, 다윗 역시도 감사의 사람이었다. 그가 지은 시편 103편을 보라.

¹ 내 영혼아 여호와를 송축하라 내 속에 있는 것들아 다 그의 거룩한 이름을 송축하라 ² 내 영혼아 여호와를 송축하며 그의 모든 은택을 잊지 말지어다 ³ 그가 네 모든 죄악을 사하시며 네 모든 병을 고치시며 ⁴ 네 생명을 파멸에서 속량하시고 인자와 긍휼로 관을 씌우시며 ⁵ 좋은 것으로 네 소원을 만족하게 하사 네 청춘을 독수리 같이 새롭게 하시는도다 _ 시편 103:1~5

포로기의 선지자 다니엘도 감사하는 사람이었다.

다니엘이 이 조서에 왕의 도장이 찍힌 것을 알고도 자기 집에 돌아가서는 윗방에 올라가 예루살렘으로 향한 창문을 열고 전에 하던 대로 하루 세 번씩 무릎을 꿇고 기도하며 그의 하나님께 감사하였더라

_ 다니엘 6:10

사도 바울은 또 어떠한가. 그는 평생을 감사하며 살았다.

¹⁶ 항상 기뻐하라 ¹⁷ 쉬지 말고 기도하라 ¹⁸ 범사에 감사하라 이것이 그리스도 예수 안에서 너희를 향하신 하나님의 뜻이니라

_ 데살로니가전서 5:16~18

이화여자대학교 총장을 지내신 김활란 박사는 임종을 앞에 두고 이렇게 감사했다. "보잘것없는 가문에서 태어났지만 내가 나 된 것은 하나님의 은

당신의 영성 면역력을 점검하라

혜입니다. 내가 이화여대에서 가르치게 된 것도 하나님의 은혜입니다."

수많은 후배와 제자들이 슬퍼하는 모습을 보고 그녀는 이야기한다.

"여러분, 울지 마세요. 나는 최선을 다해 살았습니다. 이제 또 하나의 생이 나를 기다리고 있으니, 내가 죽은 후에는 장송곡을 부르지 말고 할렐루야 합창을 불러주세요."

수많은 제자들이 그녀의 관 앞에 카네이션을 놓으며 할렐루야를 불렀다. 그리고 그녀가 죽은 후 그녀의 묘비에는 이렇게 쓰였다.

"항상 기뻐하라, 쉬지 말고 기도하라, 범사에 감사하라."

육적인 삶이 다가 아니다. 영혼이 잘 돼야 범사가 잘 되고 강건한데, 늘 우리의 관심이 먹고 잘 사는 데에만 있으니 영성생활에 문제가 생기는 것이다. 그러니 잘 살면서도 만족과 행복이 멀어지는 것 같다.

그래서 예수님께서는 늘 영혼의 문제에 관심을 가지라고 하신다. 가까운 사람들에 대한 존경심, 하나님과 이웃을 향한 감사! 이런 것들이 우리의 삶을 얼마나 풍성하게 하는가.

구약성경에 나오는 영성의 사람 예레미야, 그는 참 힘들고 어려운 삶을 살면서도 하나님의 나라를 놓지 않고 행복했던 사람이다. 그는 동족 이스라엘이 어려움 속에 있는 이유를 알고 있었다. 그래서 하나님의 말씀을 백성들에게 전달하였다. 이제는 육신의 문제만 생각하지 말고 영적인 문제, 하나님을 만나는 문제도 생각하자고. 그러자 백성들은 그런 예레미야가 싫어서 그를 감옥에 가두었다.

예레미야 입장에서는 참 억울했을 것이다. 하나님의 말씀대로 살았는데 감옥에 갇혔으니 말이다. 그런데도 영적으로 힘이 있던 그는 그 분노의 순간을 감사로 바꾸며 감옥에서 나오게 된다.

예레미야 33장은 이렇게 시작한다.

예레미야가 아직 시위대 뜰에 갇혀 있을 때에 여호와의 말씀이 그에게 두 번째로 임하니라 이르시되 _ 예레미야 33:1

억울하게 감옥에 갇혀 있었다. 그런데도 그는 분노하지 않았다. 낙담하지 않았다. 오히려 평강과 소망을 이야기한다. 기도하며 외친다. 지금은 너희들이 이 땅의 것에 모든 것을 투자했기에 낙망, 불안, 절망일 수 있지만 이제 하나님께 나아와서 기도함으로 너희들의 삶에 더 큰 행복이 찾아올 것이라고 외치고 있다. 믿음의 눈을 떠서 감사의 제목을 찾아내며 감사하고 있는 것이다.

비록 상황은 좋지 않지만 하나님이 계심을 강조한다. 그분이 일을 행하실 것이고 그분이 성취해주실 것을 강조한다. 너희가 그분을 향하여 감사하는 마음을 담아 기도할 때 하나님의 응답이 있을 것이고 알지 못하는 크고 비밀한 일들이 네 앞에 펼쳐질 거라고 외치고 있다.

예레미야는 미리 감사하고 있다. 하나님께서 이루어주실 새로운 세상을 소망의 눈, 믿음의 눈으로 바라보며 미리 감사하고 있다. 그랬기에 그는 절망의 상황을 이겨내고 다시 한 번 사람들 앞에 서서 하나님의 말씀을 전하고 무너져가는 나라의 백성들에게 위로의 선지자로 살아가게 된다.

당신의 영성 면역력을 점검하라

⁶ 그러나 보라 내가 이 성읍을 치료하며 고쳐 낫게 하고 평안과 진실이 풍성함을 그들에게 나타낼 것이며 ⁷ 내가 유다의 포로와 이스라엘의 포로를 돌아오게 하여 그들을 처음과 같이 세울 것이며 ⁸ 내가 그들을 내게 범한 그 모든 죄악에서 정하게 하며 그들이 내게 범하며 행한 모든 죄악을 사할 것이라 _ 예레미야 33:6~8

또한 예레미야는 평안과 진실, 회복과 용서의 하나님을 향하여 감사했다.

¹² 만군의 여호와께서 이와 같이 말씀하시니라 황폐하여 사람도 없고 짐승도 없던 이 곳과 그 모든 성읍에 다시 목자가 살 곳이 있으리니 그의 양 떼를 눕게 할 것이라 ¹³ 산지 성읍들과 평지 성읍들과 네겝의 성읍들과 베냐민 땅과 예루살렘 사면과 유다 성읍들에서 양 떼가 다시 계수하는 자의 손 아래로 지나리라 여호와께서 말씀하시니라

_ 예레미야 33:12~13

이 땅에서의 육적인 우리의 삶이 강조되다 보니 영혼에 좋은 음식들이 마구 버려지는 시대를 살아가고 있다. 안타깝다. 우리는 모두 언젠가 그분 앞에 서야 한다. 풍성한 영적 행복의 삶을 위해서 존경심이 필요하며, 감사하는 삶의 자세가 필요하다.

하나님을 향한 감사, 가까이 있는 이들을 향한 감사! 이 같은 감사의 삶이 이어지는 가운데 더욱더 행복한 신앙생활, 영적생활로 이어지길 기도한다.

감사의 글

●

얼마 전에 다음의 성경 구절을 읽으면서 "아멘" 하였습니다.

[10] 네 하나님 여호와께서 네 조상 아브라함과 이삭과 야곱을 향하여 네게 주리라 맹세하신 땅으로 너를 들어가게 하시고 네가 건축하지 아니한 크고 아름다운 성읍을 얻게 하시며 [11] 네가 채우지 아니한 아름다운 물건이 가득한 집을 얻게 하시며 네가 파지 아니한 우물을 차지하게 하시며 네가 심지 아니한 포도원과 감람나무를 차지하게 하사 네게 배불리 먹게 하실 때에 [12] 너는 조심하여 너를 애굽 땅 종 되었던 집에서 인도하여 내신 여호와를 잊지 말고 [13] 네 하나님 여호와를 경외하며 그를 섬기며 그의 이름으로 맹세할 것이니라 _ 신명기 6:10~13

말씀을 읽고 아내와 이야기를 나누었습니다.

"이 말씀이 오늘 우리에게 이루어져 있다! 심지 않았는데 거두었고, 가꾸지 않았는데 열매를 먹고 있고, 짓지 않은 집에 살고 있다! 우리가 기르지 않았는데 우리들보다 더 나은 자녀들과 살고 있고, 우리가 애쓰지 않았는데 우리들보다 더 훌륭한 교인들 혹은 가까운 분들과 살고 있다! 그러니

당신의 영성 면역력을 점검하라

우리는 평생 하나님과 교인들과 고마운 분들에게 신세를 갚으며 살아야 하는 빚진 자다!"

아내도 동의했습니다. 그저 감사할 따름입니다.

하나님께도 물론이지만, 주변에 늘 함께 있는 선한 이웃들 덕분에 잘 살아왔습니다. 그저 감사할 따름입니다.

함께 살아주는 생명나무 공동체의 모든 가족들과 만방의 식구들이 있어 더욱 든든합니다.

부족함을 풍성함으로 만들어주는 식구들이 있어 더 행복합니다.

졸작을 작품으로 만들어주신 출판사 관계자분들에게도 감사하고, 흔쾌히 추천서를 써주신 최하진 선교사님과 김병삼 목사님께도 감사합니다. 마지막으로 이 책을 읽어주실 모든 분들에게도 감사를 전합니다.

모든 영광을 하나님께!

당신의 영성 면역력을 점검하라

초판 1쇄 발행 | 2021년 5월 24일
4쇄 발행 | 2021년 8월 27일

지 은 이 | 이구영

펴 낸 이 | 윤성
펴 낸 곳 | 나무&가지
책임편집 | 지은정
북디자인 | 김한희
마 케 팅 | 임지수, 김영선
등록번호 | 제 2017-000048호
주   소 | 서울시 서초구 강남대로 455, A동 511호
편 집 부 | **전화** 02-532-9578
이 메 일 | sevenpoweredu@gmail.com

ISBN 979-11-91366-03-7 03200

이 도서의 국립중앙도서관 출판예정도서목록(CIP)은 서지정보유통지원시스템(http://seoji.nl.go.kr)과
국가자료종합목록(http://www.nl.go.kr/kolisnet)에서 이용하실 수 있습니다.